【晋学·文化之旗帜人物】

您殚心竭虑为人民利益身藏功名而无谓
在那黑暗动荡年代卓立场坚定忧国爱民
您在这一方水土上以育人为先建树累累
在一百多年前山西文化教育界身先士卒

赵戴文

山西出版传媒集团
三晋出版社

图书在版编目 (CIP) 数据

赵戴文：晋学文化之旗帜人物 / 刘湄著 . -- 太原：
三晋出版社，2011.11（2019.12 重印）
ISBN 978-7-5457-0465-5

Ⅰ . ①赵… Ⅱ . ①刘… Ⅲ . ①赵戴文（1866~1943）
—传记 Ⅳ . ① K827=6

中国版本图书馆 CIP 数据核字（2011）第 243301 号

赵戴文：晋学文化之旗帜人物

著　　者：	刘　湄	
责任编辑：	田潇鸿	
出 版 者：	山西出版传媒集团·三晋出版社（原山西古籍出版社）	
地　　址：	太原市建设南路 21 号	
邮　　编：	030012	
电　　话：	0351-4922268（发行中心）	
	0351-4956036（总编室）	
	0351-4922203（印制部）	
网　　址：	http://www.sjcbs.cn	
经 销 者：	新华书店	
承 印 者：	山西科林印刷有限公司	
开　　本：	787mm × 960mm　1/16	
印　　张：	16	
字　　数：	209 千字	
版　　次：	2011 年 12 月　第 1 版	
印　　次：	2019 年 12 月　第 3 次印刷	
书　　号：	ISBN 978-7-5457-0465-5	
定　　价：	38.00 元	

赵戴文遗像

茂威将军赵公次陇

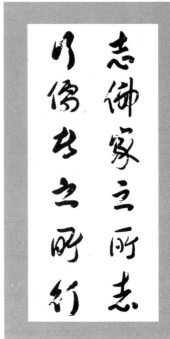

1915年北洋军政府授予赵戴文茂威将军衔

志佛家之所志

行儒生之所行

赵戴文遗语

1934年11月8日，阎锡山（左）与赵戴文（中）在山西太原机场迎接蒋介石（右）

1938年在陕西三原东里堡的赵戴文

赵戴文题五台山碧山寺

赵戴文手书扇面

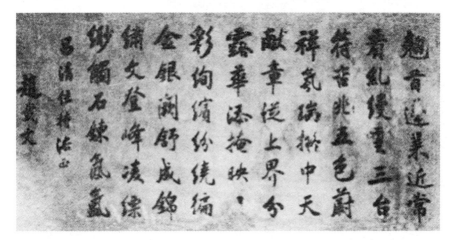

山西隰县小西天文物管理所收藏的赵戴文墨迹

1967年台湾国民党为赵戴文先生百年诞辰举行祭奠大会，严家淦主持

正中匾：典型永在　蒋中正题
右　　竖：永怀道范　张群敬献
左　　竖：明德弘道　莫德惠献
联　　语：开济勋名壮，
　　　　　来格来歆尚克相中兴事业；
　　　　　修齐道德尊，
　　　　　其言其行应长留三晋云山。
　　　　　　　　　　　　　（严家淦）

赵戴文三女儿
赵芝兰在父亲
百年诞辰祭奠
大会上

1986年，山西省政府组织重修之赵戴文墓

纪念辛亥革命100周年时家人重修赵戴文墓碑

山西文教旗帜人物——赵戴文

李蓼源

赵戴文先生是三晋学界名儒，山西辛亥革命先驱，民国时期政要，德高望重、学识渊博、人所共仰的一位历史人物。近百年来先生始终重视关切山西文化教育事业，他一生为此策划谋略，尽心竭力，做出不可磨灭的贡献，堪称山西文教光辉旗帜。

赵戴文先生自幼熟读孔孟经典及程朱陆王学说，为其一生修身治国平天下的鸿图大志和继承弘扬民族优秀文化遗产打下了坚实的基础。特别是早年对华盛顿领导美国人民取得独立战争胜利后建立起来的资产阶级的民主制度，对"开疆万里，乃不僭立号，不传子孙，而创为推举之法，几乎天下为公，骎骎乎三代之遗意"的政治法度亦加赞赏。这对他日后赴日留学、参加同盟会、企盼在中国能实现"天下为公"、"大同世界"等革命思想的树立和政治理念的形成，都有着重大影响。

民国开年，先生任山西都督府秘书总监，山西督军公署总参谋长及将校研究所所长。在稳定了山西一方水土、坐任第二把交椅之后，他发挥其专长和影响，在山西文化教育界大展鸿图：

其一，大力倡导、扶持女学教育，为山西女子解放，接受文化教育起到了推动作用。

其二，先后建言开办了众多军事学校，培养军事骨干，充实军力，为保山西不受军阀混战侵扰、稳定局面起到了重要作用，故后有论者在谈到他的"建树"时称："晋绥军将校多出其门也。"

【晋学文化之旗帜人物】

其三，为山西民众接受文化知识，创办了"山西省立国民师范学校"，为全省实行义务制教育打下坚实基础，并大大加强了山西的师资力量。

其四，创办"洗心社"等文化教育社团，大力宣传孔孟之道，宣传净化心灵，成效卓著。

其五，以"为救济天资聪慧学行皆优之贫寒之子"为名言而创办、以阎锡山为名誉校长的"进山学校"，使省境内天资聪慧学行皆优之贫寒子女得到全免费的学习环境。

其六，在其古稀之年担任省主席时，还是不忘民众之文化教育问题，力主恢复抗战时期停办的进山学校，使众多因战乱失学的少年回到课堂。

此外，在军阀混战时期，他倡导保境安民，使山西政局稳定，避免了人民迭遭战乱之苦，另一方面力主暗中与孙中山为首的南方革命党人不断联络，互为策应。并在军政要务之余，讲论"孟子学说足以救世界的哲理"，为实现"大家有饭吃，大家有衣穿，大家有房住，大家有学校求学"的"公平制度"不懈努力。

民国十四年始，赵戴文先生被任命为南京政府内政部长、监察院长、国民党中央执行委员等要职。其间，他一面以身作则尽瘁国事，清正廉洁，为国为民而功藏不露；一面又竭力维护国家统一，反对内战互伐。在危急时刻，他以南京政府高级长官之身份公开向国家媒体记者表示："我不忍看见中国再打内战，如果打内战，我就跳长江。"

民国二十五年五月，赵戴文先生任山西省政府主席，则以非常作风整饬吏治，严惩贪官污吏，加紧组训干部、民众，积极响应共产党"停止内战，一致抗日"的号召，呼吁"毁家纾难，牺牲救国"，推荐薄一波回山西"共策保晋大业"。他曾多次阻阎对日妥协，深受广大爱国军民的拥护和赞扬。

赵戴文先生为创建民国之元老，凡民国期间山西发生的所有文化教育之

大事、历史事件等等，无不渗透其心血，多有其谋，更有其略，可谓晋省有成，不少其功。

且山西民国史，少赵戴文之事，不能成章；缺赵戴文其人亦不能了解阎锡山的全貌。同样，不写阎锡山之作为，也体现不出赵戴文在山西民国史上所起到的重要作用。新中国成立以来，国内外研究阎锡山者不乏其人，但专门研究赵戴文者却寥寥无几，即使有几篇短文涉及其身世者，亦皆因缺乏丰富史料而极为简略。这就造成了在后来很长一段时期里，人们淡漠了赵戴文这位在山河破碎风飘絮的年代，为祖国的复兴发展做出过重大贡献的文化教育家、政治家和著名学者。

综论赵戴文先生，诚可谓是勋业劳绩隆三晋，德懋凝辉福神州的一位崇高的先贤和长者，将永垂青史，百代流芳。

李蓼源，1925年3月出生，河南省淮阳人，毕业于国立山西大学文学院史学系。1938年赴晋参加抗日工作，抗战期间曾任第二战区司令长官阎锡山的侍从秘书。新中国成立后，历任山西高等院校学报总编辑、中国民主同盟山西省委秘书长、副主任委员，政协山西省委员会常委、副秘书长，文史资料研究委员会主任，山西中山学院、山西社会主义学院院长、教授，山西统战理论研究会名誉会长。中共十一届三中全会以来，历任民革八届中央委员、中央常务委员、民革山西省委主委、政协八届全国委员会常委、山西省人大常委会副主任等职。他为统一战线工作作出了杰出的贡献，在社会上享有崇高声望。

自 序

　　我写作"晋学文化"之女学史记《天足》，历时五年的业余时间，查阅了上百万字的山西近代文化教育历史文献史料，真是包罗万象、不胜枚举，皆使我尽收眼底。一些鲜为人知的历史事件、人物，激励我意气风发、斗志昂扬地坚持写作，用手中之笔来弘扬"晋学文化"领域中可歌可泣的、为之感动的历史事件、历史人物。

　　可在我所阅读的珍贵历史事件及人物中，有很多犹如无线串连的粒粒珍珠，没有形成一个完完整整的记录，只是些"东一榔头西一棒子"的片段记载，印象中总是不能形成一个饱满的轮廓，深感遗憾。但我作为一名普通的教育工作者，在传承发扬祖国灿烂教育文化的同时，深深领略到前辈在文化教育领域中执着追求、永不放弃，甚至不惜牺牲自己生命的奋斗精神。

　　每每触碰山西教育文化领域中的历史文献时，让我好生慰藉，因为在我们山西教育文化领域中，更有杰出的旗帜人物为山西教育事业身先士卒，做出榜样。

　　赵戴文先生就是一百余年前山西文化教育界的一面旗帜，他为山西的文化教育树立了不可磨灭的伟大功绩，并且在辛亥革命中，尤其在辛亥革命及太原辛亥革命爆发中，起到了发动和奠基的作用。

　　我追本溯源地同赵戴文先生的孙女赵晓颖女士取得联络。促膝交谈后，赵晓颖女士翻出赵戴文先生在一百余年前留给家人、朋友、同事们的书籍、稿件、与各界人士的来往信件及一些私人手札等原始珍贵资料，可谓是山西

民国时期的一级文物了。

当我走进赵戴文先生那博大的胸怀、救世爱民的心灵世界中去时，我被深深震撼。赵戴文先生的一世英明像火把、像灯盏，燃烧、烛照我奋笔疾书。我又似小学生恭立于师前，想尽所有词汇，不知用什么样的语言来形容澎湃的心情。正应司马迁之言："人固有一死，或重于泰山……"

可我疑问，赵戴文先生对山西文化教育界的伟大功绩，理应彪炳史册、流芳百世，可如今为什么被深藏？为什么他的"希望世界和平"之遗言被遗忘？为什么？我向问苍天，向问历史，向问当今，向问……

噢！历史之变迁……

在我深深被感动的同时，也感到非常有责任还原这段历史，把山西教育文化历史长河中那珍贵、闪光的珍珠一一串起呈现于当今世人。就如同我们山西树立"晋商文化"那样，我要用微薄之力高高举起"晋学文化"这杆大旗，发掘山西文化教育历史中那可歌可泣的感人事迹来感动当今，感动世人。

借此机会我要非常非常感谢赵戴文先生的孙女赵晓颖女士，可以说，是在她尽心竭力的帮助和支持下，我这第二部"晋学文化"的纪传体作品才得以顺利完成。赵晓颖女士把家族祖传遗珍拿出供我写作，大大提高了作品的厚重感和真实度，弥补了山西文化教育史上的一些空白，为山西人民真实了解晋史教育文化做出了贡献。

刘湄

2011 年 8 月

目　录

【晋学文化之旗帜人物】

第一章　出生平民　幸得启蒙

　　清同治五年（1867年）十一月初三，山西五台县东冶镇的一个普通农户的家庭里，诞生一男孩，夫妻俩这才从那两个多月前突然姑母去世的悲苦中解脱出来，丈夫赵良槐的脸上略微有了一丝舒展，紧抱着自己这第一个孩子，潸然泪下地走到姑母的灵位前说："姑母大人哪，您期盼的孙儿顺利出生了。"赵良槐情不自禁地用手抚摸着孩子那鼓鼓的小脑门，擦掉脸颊的泪水继续说："们①从小父母双亡，是姑母您一手把们拉扯大，为们成婚娶妻立家，可您却撒手人寰了，没能看上您孙儿一眼，真让们悲痛。姑母呀，就请您老人家给孙儿起个名字吧。"

　　良久，低头站着的赵良槐猛抬起头说："姑母呀，们不敢忘怀您所嘱咐'耕读传家'的祖训，就唤您的孙儿为戴文吧，让他从小习文识字，爱戴文章。"然后，赵良槐给姑母的灵位深深鞠了三个躬，抱着小戴文返回侧室妻子的床前说："们给孩儿起好名字了，叫赵戴文，咋说？"妻子微笑地点点头，表示认同。赵良槐此时的面容才有了些笑意。

　　迫于生计，赵良槐不得不弃农经商，经朋友介绍进了一家"酿香园"商铺，走上了一条与父辈不尽相同的人生道路。通过几年的努力打拼，在商界站稳了脚根，家境达至小康。于是在度过了八个童年之后，无忧无虑的小戴文入了村塾，开始迈出了他人生道路的第一步。

---

　　① 们：五台方言，即"我"的意思。以下全书同。

　　东冶镇在五台县是个很有名气的大村镇，之所以有名气，是因为清朝道光六年本村的徐继畬，字松龛，别号牧田，步步科考中得进士，选入翰林院庶吉士。道光十年授翰林院编修，不久补陕西监察御使，在此期间上书弹劾忻州知州史梦鲛以及保德知州林树云等人，并且上书提议实行简政，深合道光帝意见，因此道光帝召徐继畬入朝觐见，向他询问各种时事，徐继畬都是对答如流，深得道光皇帝的欣赏。后又历任广西、福建巡抚，闽浙总督，总理衙门大臣，首任总管同文馆事务大臣等等。五台县东冶镇，出此朝廷之重臣，真乃人杰地灵也。为此东冶镇在请村塾师的问题上特别重视，所请的村塾师是要通过选拔、考核。在学识、人品方面都是很过硬之人。

　　最后受聘的是同治三年恩科贡生田丹臣。书记载：田丹臣先生自幼博文强记，十三岁六经皆能背通，二十岁时恰逢徐继畬因撰写的《瀛环志略》遭到小人逸言："《瀛环志略》有对圣上之祖传承不恭之嫌。"徐继畬即被免去福建巡抚之职，改任太仆寺少卿。翌年，再次有人为此上书弹劾，朝廷削徐继畬一切职务，圣批："速返乡。"徐继畬回到家乡后，当起了教书先生。田丹臣从师徐继畬先生门下五年。有幸阅读《瀛环志略》全部手稿，使田丹臣开阔视野，放眼天下。二十五岁时，县试第一名。

　　在赵戴文入村塾时，正值田丹臣先生任村塾师。赵戴文与他的同龄学子们一起，从《三字经》、《百家姓》、《千字文》、《幼学》、《弟子规》等等的启蒙教育学起，通过接受几年的基础教育，赵戴文已由一个无知的童子变为一名"小先生"了，这是因为得到田丹臣先生器重的原故。田丹臣先生在为学子们授学时，发现赵戴文聪明伶俐、记忆超凡，所学之内容能过目不忘，甚至能倒背如流。由于学子们接受程度不同，为了让学子们都能学懂，田丹臣先生让赵戴文做助学，把讲义在不授学时留给赵戴文（书记载："田丹臣先生……阆间寒燠，虽遇有风雨，从无顷刻之迟误。若授学时间即有客来人

谈，必待授毕，然后款洽。其辛勤而谨严如此，但所居塾址约数里，宿食往返……"），这样赵戴文在田丹臣先生不在时，为没有学懂的学子们辅导，被人称为"小先生"。

清光绪五年（1879 年）赵良槐遭竞争对手设局，致使被涉讼监押县署，妻子为营救，用尽家中所有积蓄，才算了事。十二岁的小戴文过早地尝试到了"人为刀俎，我为人鱼"之苦味，可赵戴文没有为此放弃了学业。

山西五台东冶南街赵戴文老宅

　　赵戴文到十四岁时，就已经读完了考秀才时所要读的四书、五经，以及《尺牍》、《史鉴节要》、《龙文鞭影》等等。并能阅读徐继畬所撰写的《瀛环志略》了。这套著作是徐继畬奉道光皇帝之旨，记载、撰写各国风土人情的专著。内容总述世界四洲、五洋，分述各国疆域、民族、人口、物产、风俗及盛衰更迭，是中国论述世界地理最早的名著之一，开创了中国研究世界地理的先河。日本对此书极为重视，再三翻印，作为认识世界的指南，在日本明治维新时期备受推崇。

　　曾在早年，徐继畬老先生遭贬解职回乡时，他把撰写《瀛环志略》的手稿带回了家乡，送给得意门生田丹臣。此时的赵戴文是经常借阅《瀛环志略》的手稿，如天马行空，少年智慧的赵戴文被引入了异国他乡，每日里孜孜不倦、废寝忘食地品味那字里行间的天下之事。

　　在家中的赵戴文是少言寡语，多半都在看书习字，父母在他之后又生了弟妹，自然对他的管理有所疏忽，有时戴文还要帮助母亲管理弟妹，弟妹的识文断字都由他来辅导。在戴文的引导之下家里也是书声琅琅，一派学习气氛。

第二章　研学古书　立下志向

赵戴文在十六岁时，应试五台山县书院，成绩卓著，得到考官王之樨山长的勉励，王之樨同赵戴文说："'蛟龙得雨水，终非池中物'，你可直接参加县科举考试……"

这也是家族及父亲所希望的，但大大出乎家人的意料，赵戴文每日里总抛开科考应学的八股文章，只有徐继畬的《瀛环志略》如影随形。父亲对他的做法很是不理解，赵戴文就同父亲讲："我读徐先生的《瀛环志略》胜过学那些八股文章，我不会辱没赵家'耕读传家'的祖训，爹，您不是说'学以致用'吗？徐先生的《瀛环志略》让我晓得天下事，我给您看啊……"

说着赵戴文快步到里屋里拿出借阅徐先生《瀛环志略》的一叠手稿和一本小册子，指着徐继畬所撰写的一大段文字说："请爹读读这一段。"

赵良槐接过手稿看了看说到："戴文哪，你给说说吧，们很想听听你对徐先生《瀛环志略》的理解。"

赵戴文充满自信地请父亲坐定说："徐先生在撰写《瀛环志略》时，正任福建布政使，主要负责对外交涉事务。有一次到厦门会见英国首任驻厦门领事记里布，进行有关外国人活动范围的谈判时，能操闽语从美国来华的传教士雅理裨当翻译。谈判之余，徐先生向雅理裨请教了许多关于世界地理知识的问题，雅理裨尽力回答。后来他们又多次约见，谈话颇为投机，一次竟谈了整整半天。徐先生请教不倦的求知精神，深深感动着雅理裨。"

赵戴文翻开小册子用手指着上面的一段文字读到："……在雅理裨的印象中，徐继畬是最喜欢提问题的高级官员了。他既不拘束，又很友好，表现

得恰如其分，显然徐继畲已具备了相当多的知识……对世界各国状况、重大政治事件和对外贸易方面都是了如指掌……"

赵戴文合上小册子继续说："后来他们成为很好的朋友了，雅理裨还送给徐先生世界地图册和一本《新约全书》呢。"

赵良槐显然被儿子的话所感染，说："那你给们介绍介绍徐先生所撰写的《瀛环志略》吧。"

赵戴文不紧不慢地说："《瀛环志略》分上卷、下卷。上卷介绍亚细亚和亚非利加，下卷介绍欧罗巴和亚墨利加，介绍了世界近80个国家和地区的地理位置、历史文化、政治经济和风土人情。后扩至10卷，包括六大洲五大洋的情况，比较全面、系统地介绍了地球的形状，经纬度的划分，等等。《瀛环志略》10卷尽管只有14万5千字，但材料准确，重点突出，文笔洗练，纲目清晰，而且图文并茂，直观性很强，尤其难能可贵的是，对西方民主制度的理解和介绍。"

赵戴文平时在家里是不爱说话的，但说起徐继畲先生和他的《瀛环志略》时是滔滔不绝、一套一套的，让父亲很是惊讶。赵良槐再次拿过徐先生《瀛环志略》的手稿看起来。

赵戴文翻去几页说："爹，您看这，徐先生在介绍美国开国元勋华盛顿时，那叫一个精彩。说华盛顿具有'兼资文武，雄烈过人'的品格与才能，继而陈述了他血战八年，屡蹶屡奋，抗英建国。最令人称道的是他对美国选举制度的介绍。"

赵良槐顺着儿子指的段落，缓声读道："……顿既定国，谢兵权，欲归田，众不肯舍，坚推之为国主。顿乃与众议曰：得国而传子孙，是私也，民之任，宜择有德者为之，仍各部之旧，分建为国，每国正统须一，副统须佐之（副统须有一员者，有数员者），以四年为任满（亦有一年二年一易者），

集部众议之，众皆曰贤，则再留四年（八年之后不准再留），否侧推其副者为正。副或不协人望，则另行推择乡邑之长，各以所推书姓名投匦中，毕则启匦，视所推独多者立之，或官吏，或庶民，不拘一格，退位之统须，依然与民齐齿，无所异也，各国正统须之中，又推一总统须专主会盟战伐之事，各国皆听命，其推择之法，与推择各国统须同，亦以四年为任满，再任则八年，自华盛顿至今（顿以嘉庆三年病卒），开国六十余年，总统须凡九人……"[1]

赵良槐读到这里已深深被美国开国元勋华盛顿所折服，更被徐继畬老先生撰写的这段言简意赅的文字所感动。

赵戴文望着父亲说："爹呀，徐先生在介绍华盛顿的事迹之后，又加上了一段按语，阐明自己的观点。我给您读读。"

赵戴文高声朗读道："……既已提三尺剑开疆万里，乃不僭位号，不传子孙，而创为推举之法，几于天下为公，骎骎乎三代之遗意……"

"啊呀呀！徐老先生的'……乃不僭位号，不传子孙，而创为推举之法……'在咱这专制皇权的土地上，不是实属犯忌之语吗？"赵良槐慌张地叫道。

赵戴文双手背后佩服之至地说："徐老先生之胆略见识，可见一斑呀。也正是他的直抒己见，马上就有一些小人为邀功请奖而弹劾他，们不知道徐先生当时怎么应付来着，反正是被解职回乡了。"

赵良槐的拳头重重地砸在桌子上。屋里的气氛一下子凝重起来。妻子见势慌忙过来说："爷俩刚才还有说有笑呢，怎么不一会就闹腾起来了？"

戴文忙说："没事，俺们是在说事。爹呀，您看……"

戴文又把小册子翻开说："在1867年10月21日，美国政府为表彰徐继畬传播西学之贡献，派美国驻华公使蒲安臣，代表美国政府将一幅华盛顿画

---

① 《瀛环志略》卷9第15~16页。

像赠送给徐先生，蒲安臣发表热情洋溢的致词：'前时约二十年，兄台著有《瀛环志略》一书，……书内讲明各国之记，详述各国士人君子，则推举华盛顿为冠，不但胜外邦之士，并超越中华各前代之贤师勇帅，所称华盛顿"几于天下为公，骎骎乎三代之遗意……"因思此三代圣人大德业辉，照耀于今四千载之久，而华盛顿得此数语，翻译宣布于本国各部，士民咸读而称快，感谢兄台之褒奖……余现代大美国百姓赍送华盛顿画像于兄台前，不但望兄睹斯像纪念我国与中国和睦之心，并望今嗣贤孙亦如是纪念坚和睦也。'"

戴文翻过一页继续说："徐先生为此做了简短的答词，他说：'当我一遍又一遍端详着这幅精美赠品的时候，华盛顿仿佛出现在我的面前，我的喜悦和感激之情，难以言表，在奠定贵国的基础方面，华盛顿显示出惊人的能力，他已成为全人类的典范和导师。他的贤德已经成为联结古代圣贤和他以后各代伟大的一条纽带。因此，他必将活在人们心中。'"

赵良槐不由得双手竖起大拇指说："好！好呀！咱东冶镇的徐先生真了不起。以前只知道他多年在朝廷做大官，没想到他是如此伟大之人。戴文哪，你看看他家的房屋也没有建造成什么样，就和咱普通人家一个样，要是给一些妄想之人，还不知怎么'胡折腾'呢。往后你要以徐先生为楷模。"

赵戴文使劲点点头。

赵戴文说："爹呀，我决定这两年要把徐老先生的《瀛环志略》好好地研学，还有徐先生的《古诗源评注》、《退密斋时文》、《退密斋时文补编》等一些文稿，我要了如指掌，好好提高自己在文读方面的功底和修养，因为我深深感到徐先生的字里行间渗透着做人之道理，我立志要做一名徐先生那样的人。"

赵良槐激动地说："戴文，们懂你了，们支持你。"然后双手拍了拍戴文的肩膀，结束了同儿子的谈话。

第三章　参加科试　入令德堂

赵戴文既是家中的长子，又"生而颖异"，父亲自然寄予厚望。于是在光绪十一年（1886年），19岁的赵戴文参加省府会考，以优秀的文笔考入"太原晋阳书院"。在去省城读书之前，父亲为赵戴文完了婚，娶的是东冶北街一普通刘氏人家的姑娘，新婚三天后，赵戴文便踏上了前往省城读书的路程。

位于太原侯家巷的"太原晋阳书院"，当数山西官办的最高学府了，能从县里考入，是非常不容易的。

清朝建立后，统一中国各地方时，在教育理念方面对宋代程朱理学大力提倡，采纳汉族政治制度立国，倚用前明文臣，尊崇汉文化。顺治帝占驻北京时，派遣官员祭祀孔子，封孔子为"大成至圣文宣先师"。多尔衮亲赴孔庙致祭奉上封号，已示尊崇。国子监满汉生员习读儒学经书，以程朱为准则。康熙帝幼习汉文化，亲政后，以理学家熊赐履为国史院学士，参议朝政，为此，程朱理学更加得到提倡。康熙帝亲自阅读宋代理学诸儒著述，命大学士李光地修改明成祖时编修的《理大全》，别称《理精义》一书。又收编了朱熹的论著纂为《朱子大全》。康熙帝为此书作序，说朱熹是"千百绝传之学，开愚们而立亿万世一定之规"。又说"朕读其书，察其理，非此不能知天下相与之奥；非此不能治万邦与席；非此不能仁心仁政施于天下；非此不能内外为一家"。康熙帝提倡程朱，用意显然不在于探讨心性，而在于宏扬理学的伦常观和社会政治学说，来巩固清朝的统治秩序。

由于清初皇帝提倡，程朱理学成为风靡一时的官方学术。科举考试仍沿

明制，以儒家的四书五经为考试内容，以程朱等理学家之疏解为标准。学子们阅读程朱之书，成为应试的必由之路。康熙帝进而把理学家的政治学付诸实践并普及于社会。1670 年（康熙九年）10 月以"尚德缓刑，化民成俗"为宗旨，列举十六事，诏谕礼部通行晓谕八旗及直隶省府州县，以至乡村人等遵行，被称为"圣谕十六条"。十六条贯穿着理学家的社会政治观点，并且包含着"敦考弟以重人伦""笃宗族以昭雍睦"等伦常观。雍正帝又据此补充发挥，号为"圣谕广训"，"意取显明，语多质朴"。全国各地乡村，定期宣传，力求普及于"群黎百姓"，让家喻户晓。明显是为了维持社会秩序。

赵戴文在晋阳书院里，所学之内容正是清朝政府所规定之科目，他师从李菊园先生，整整五个年头。李菊园先生是程朱理学的提倡者。鉴于此，赵戴文在可塑性极强的青年时代饱受了宋明程朱理学的熏陶。

清光绪十九年（1893 年），赵戴文在经过数十年的文化积累之后，正式参加科试。由于扎实的功底，他的应试之文被时任学政王梅岑列为今古第一文，列一等第一。

寄予厚望的父亲得知儿子在科试中取得如此成绩，又知依惯例调入"令德堂"继续学业，非常自豪。赵戴文进入"令德堂"后，师从屠梅君先生。屠梅君仰慕康有为、梁启超等变法维新的某些义理，所以在西洋科学的先进与实用价值方面大为推崇。赵戴文也深表赞同，因为赵戴文深受《瀛环志略》之影响。屠梅君先生曾夸耀赵戴文为"魏征之流亚"，说明赵戴文不仅在学习儒学和程朱之说方面大有长进，而且对变法维新这一具有强烈爱国主义性质的"救亡运动"也颇有认同与启发。就在那时，赵戴文萌发了非革新不足以治国的宏图大志。

"令德堂"又称令德书院，位于省府太原，清光绪九年（1883 年）山西巡抚张之洞创建。张之洞继任山西巡抚后，针对山西"士气衰微而废其学"、

"此时授为苦人才不足"的情况，与学使王学庄商议，并会衔入奏，请于太原府署明代晋藩宝贤堂旧址上创建，为"令德堂"书院。以经史、考据、词卷等科目来授学，后添制政治事务、农工物产、地理兵事、天算博艺等经济日课四门，学生可任选一门，以便"广览众参"。要求学生仿照王应麟《困学纪闻》、顾炎武《日知录》体裁，每天写日记一二条，定为"日课"。每月完成一本，交协理审阅，评定等级，按等给奖。经史是必修科目，每月"默经"一次，不得少于 500 字，每月作"策论"一次。赵戴文在此得到很好的笔习锻炼，每月的"策论"赵戴文都是当仁不让地能拿到"令德堂"所颁发的一等奖，有时都不好意思了。

赵戴文由于受徐继畬老先生的影响，在选修科目上，选择了地理兵事，让他懂得更多的地理知识之外，初次接触到兵书——《孙子兵法》，让他懂得在作战双方对垒时要通过五个方面（五事）的情况进行综合比较，来探讨战争胜负的情形：

一是政治：就是要让民众和君主的意愿一致，战时他们才会为君主去死，不存二心。

二是天时：就是指昼夜、晴雨、寒冷、炎热、季节气候的变化。

三是地势：就是指高陵洼地、路途远近、险隘平坦、进退方便等条件。

四是将领：就是指挥者所具备的智慧、诚信、仁爱、勇猛、严明等素质。

五是制度：就是军制、军法、军需的制定和管理。

凡瞩这五个方面的情况，将领都不能不知。充分了解这些情况的才有可能取胜，相反就会作战失败。此外，还通过比较双方的具体条件来探究战争胜负的情形：哪一方君主施政清明？哪一方将帅更有才能？哪一方拥有更好的天时地利？哪一方军纪严明？哪一方兵力强大？哪一方士卒训练有素？哪一方赏罚分明？通过这些分析比较就能够判断谁胜谁负，等等。

赵戴文

【晋学文化之旗帜人物】

　　赵戴文对《孙子兵法》产生了浓厚的兴趣，同时又自修了"三十六策"又称《三十六计》，它是中国古代三十六个兵法策略，语源于南北朝，成书于明清。是根据我国古代卓越的军事思想和丰富的作战经验总结而成的兵书。赵戴文通过学习、自修兵事方面的理论，大大拓宽了他放眼中国的视野。

　　但"令德堂"的学习并没有成为赵戴文向"仕途"迈进的阶梯，因为在他心中已给科举仕途画上了句号。想起徐继畬老先生，如此才华横溢，撰写出旷世杰作《瀛环志略》10卷，还要遭小人弹劾的不公平的待遇；看到自己所崇拜的学者陆陇其先生，为官清廉，因为替百姓做事说话，屡遭小人妒忌，朝廷不分青红皂白一贬再贬陆先生。真乃世态炎凉。因此赵戴文已自有主见，他很想去留学国外，或到徐继畬老先生所说的各国走走，看看各国的风土人情。对"仕途"可以说是嗤之以鼻。

　　1896年"令德堂"卒业后，就受聘于祁县私立学馆，开始了他的教书生涯。他想过一种田园式的生活，因为现在他已是赵家的顶梁柱了，父母年迈，妻儿需要供给。

　　但是，清光绪二十六年（1900年），由于清朝政府的腐败无能，帝国主义列强发动了瓜分中国的狂潮。把曾以文明古国屹立于世界之中，而且科学技术成就和灿烂文化举世瞩目的中国推向了水深火热之中。列强欺凌、蹂躏，今天割地，明天赔款，把中国带入了一个备受屈辱的殖民地半殖民地的社会。尤其八国联军在1900年8月14日占领北京，火烧圆明园，慈禧带着光绪皇帝和她的亲信臣仆，仓皇逃出京城，途中授权李鸿章"便宜行事"，要求他赶快与各国商谈议和事宜。忍无可忍的中国北方地区民众们愤然掀起了一场声势浩大的反对帝国主义的义和团运动。

　　有强烈民族意识的赵戴文知道此事后是义愤填膺，他不愿坐以待毙，请辞安逸的授学生涯，立即返乡，回到家乡东冶镇，同父老乡亲们宣传帝国主

义列强们的卑劣行径，并动员父老乡亲们参与正在北方兴起的义和团"反清灭洋"的爱国运动，誓死保卫乡里，不受外来侵略者的践踏。父老乡亲以其文人而尚武，大为惊奇，认定日后必有大为，众乡亲推举赵戴文为东冶镇护卫团团长，同来犯之敌做殊死搏斗。

而腐败无能的清朝政府，却下令官兵对义和团的爱国运动进行了全面的"痛打铲除"。赵戴文虽然差点儿丧性命，但却使一贯侧重于学理的他经受了平生第一次实践的锻炼和考验。为躲避官兵的搜查逮捕，赵戴文在乡亲们的掩护下转入山西宁武潜伏，并受聘于宁武书院，任山长。继续开始了他的教育事业。

赵戴文33岁时又受聘于山西大学堂，这是因为他在"令德堂"所取得优异的成绩。"令德堂"和太原晋阳书院正是山西大学堂的前身。

第四章　读懂陇其　立字次陇

　　赵戴文受聘山西大学堂后，任国文教习。在此一边授学，一边研究清初史。他非常仰慕清初学者陆稼书（字陇其，浙江平湖人），更坚定了弃"仕途"想法，就此开始了他潜学研究的人生道路的第二步。

　　影响赵戴文至深的陆陇其是南宋词人陆游之后裔，康熙九年（1670年）的进士，任河北省灵寿县知县及四川道试监察御史。著述丰富，有《四书大全》、《松阳讲义》、《松阳钞存》、《问学录》、《读朱随笔》、《困勉录》、《读书志疑》等等，　陆陇其做灵寿县令的时候，颇有政迹。他"以兴利除害、移风易俗为己任"、"以德化民"为做事总则。他处理事情总是不动声色，达到"无声胜有声"的效果。一天，有个老太太控告她的儿子忤逆。陆陇其立即将他儿子叫到跟前，一看，原来是一个还没有成年的男孩，陆陇其对老太太说："我官署里正缺少小僮，你儿子暂时可以在这里服役，等到有人代替，我再教育他。"于是命那少年在他左右，寸步不离。陆陇其每天早晨起床后，毕恭毕敬地站在他母亲房外，母亲一起床立即进上洗漱用具，然后再进上茗饵。吃中饭时，他侍候在饭桌边，给母亲献上好吃的食物，而且笑容可掬，等到母亲吃饱，自己才去吃她剩下的饭菜。陆陇其一有功夫，就坐在母亲身边，为她讲一些故事或民间传说，使她愉快。母亲稍有不舒服，陆陇其就为她扶腋搔痒，取药倒水，几夜不睡，毫无倦意。这样过了几月，那少年突然跪在陆陇其面前，请求回家。陆陇其故意说："你们母子不和，为什么要回去呢？"那少年哭着回答："小人一向不懂礼，得罪母亲，看到您的

一切所作所为后悔不已。"陆陇其唤来他的母亲，母子相见，抱头痛哭。后来，那少年成了远近闻名的孝子。赵戴文对陆陇其的做法很是敬佩。

陆陇其在做江南嘉定县知县时赴任后，当时的江宁巡抚慕天颜贪婪无度，一次借生日为名，大肆搜刮民财，陆陇其前往祝寿，只从袖中拿出一匹布、两双鞋作为贺礼，并说："此非取诸民者，为公寿。"由于陆陇其不与贪官污吏合流，故而屡遭人扶私迫害，几次被罢官。然而他却泰然处之，待恢复官职，仍一心为百姓。陆陇其为官清廉在朝廷内是颇有影响的，他几次被推荐为清廉官，左都御史魏象枢等更是极力保举他，特别是他任职地区的百姓对他十分爱戴，几遭小人谗言被贬，他几次离任，百姓都是含泪相送。陆陇其离任时，只有图书几卷及妻子的织机一部，这与俗语所谓"三年清知府，十万雪花银"形成了鲜明的对照。

赵戴文对陆陇其的著作《三鱼堂文集》烂熟于心。对其见解更是尊崇之致，陆陇其的《田家行》：

> 谁云田家苦，田家亦可娱。
>
> 上年虽遭水，禾黍多荒芜。
>
> 今年小麦熟，妇子尽足哺。
>
> 所惧欠官钱，目下便当输。
>
> 昨夜府檄下，兵饷尚未敷。
>
> 里长惊相告，少缓自速辜。
>
> 不怕长吏庭，鞭挞伤肌肤。
>
> 但恐上官怒，谓我县令懦。
>
> 伤肤犹且可，令懦当改图。
>
> 阳春变霜雪，尔悔不迟乎。
>
> 急往富家问，倍息犹胜无。

田中青青麦，已是他人租。

闻说朝廷上，方问民苦荼。

贡赋有常经，谁敢咨且吁。

不愿议蠲免，但愿缓追呼。

赵戴文在诗作中了解到封建统治对底层劳动人民的压榨剥削和农民生活的困苦。诗文描绘小麦丰收后，农民并得不到生活的改善，而是受到更重的盘剥，生活依然悲惨，无法避开不幸的命运。这种遭遇，不是一家一户偶然遇到的，而是概括了封建时代千千万万个底层劳动农民的共同遭遇。赵戴文对陆陇其的鲜明立场深有感触，因为他就是农民的子孙。

于是为自己立字——次陇，意表对陆陇其的尊崇。又自号清凉山人。因五台县东冶镇，为通往佛教清凉胜地五台山的必经之地。

赵戴文看到了清朝皇权独断专行的黑暗，发誓绝不与之同流合污。他开始博览群史，精治儒学经典。因而他在山西大学堂的国学授学上很是精良，得到学子们的追随，以至于崇拜。

落后就要挨打，这是 19 世纪末 20 世纪初，中国朝野逐步认识到的一个重要命题。于是神州大地刮起了一股不小的留学狂潮。公元 1904 年秋山西巡抚张曾扬根据清光绪二十七年（1901 年）各省可以"选派留学生出洋游学"之上谕，以晋省"学识未尽开通,兴学则无堪教习之人，练兵更少精习新操之士，自非选派生徒出洋就学，无以开风气而育人才"为由，派遣公费留学生，请准朝廷派五十人到日本留学。其中二十人入普通学校学习，"以期进求专门实业之学"，十人入速成师范学校学习教授管理之法，"以备开办师范学堂之用"，二十人学习陆军，"以备储常续备军将校之才"。

1904 年山西省选拔公派到日本留学攻读教育学的人才时，山西大学堂首推赵戴文攻读教育学。此时的赵戴文感到正圆了他走出国门看世界的梦，心

情无比喜悦。便努力复习参加考核、选拔。由于功底扎实，一举取得公派十名学子攻读教育学的头名。

但山西巡抚张曾扬让所谓五大宪①把考核、选拔上的人员召集到一起，谆谆告诫说：你们被选拔上到日本后，千万不敢接近革命党人，以免误入歧途。提到孙中山时，尤其竭尽诋毁之能事，惧如凶狮猛虎一般。此时赵戴文早已心中有"数"，不顾忌"非圣无法"的压力，在暗地里从思想上同情和支持变法维新、救国图存的主张，而且也意识到，爱国之士若再不奋发图强，抵御外海之侵略，中国必将被各帝国主义瓜分殆尽。所以拿五大宪之话当耳旁风。

---

① 五大宪：抚台、藩台、臬台、学台、道台。清代省一级官职。

第五章　留学日本　攻读教育

　　赵戴文以优异的成绩考取了公费留学。到达日本后，首先进入日本为各国留学生开设的神天经纬学校（也就是速成日语学院）学习日语。能在听、读、写三方面过关，再进入所学的专业学院。赵戴文和一同留学日本的徐一清，通过一段时间的日语培训，达到三方面考核过关一等，尤其赵戴文已能直接同日本人对话了，顺利进入日本宏文师范学院，功读教育学。

　　他们深深感到日本在识知教育方面是大量吸收了中国从大唐以来的诸子百家文化。对中国的儒学之理念文章尤为推崇，并通过简单翻译，有的整篇整篇地应用在了国民的教学中。1868年德川政权崩溃后，明治维新开始，日本进入了"文明开化"时期。社会文化发展表现出的兼容并蓄、注重改造、为我所用的特点在日本教育界得到发展。在这个时期，日本还是按照十八世纪初，接受中国文化那样的方法引进西方的文明文化，并取得了巨大的效果，为建设一个现代化的国家奠定了基础。

　　"兰学"文化就是个例子。"兰学"文化在日本社会文化中得到引进并逐渐深入。"兰学"是经欧洲荷兰人传入日本，引入为西洋学（简称洋学 west-yr learning），通过日本人发展而形成的一种学术。"兰学"让日本在科技与医学等方面，接受到西方的先进知识。任何一种文化的形成与发展都要受许多因素的影响，本国的和外国的历史以及佛教、儒教甚至基督教都曾对日本文化起过一定性的作用。

　　日本的师范教育是为一般普通学校培养教师和校长。日本的普及教育提

高了国民的文化水平，促使日本从一个落后的封建国家，发展成为一个新型的、进步较快的资本主义国家。其经验就是结合本国实际，善于吸收他国先进科学技术及成功的教育实际经验。十分注重借鉴德国发展高等教育的经验，创办出各种新型的师范学院及科技大学。

赵戴文在日本的宏文教育师范学院，像海绵一样吸着来自各方面的知识。首先在日本被誉为教师的启蒙思想家福泽谕吉导师的中国文化课的教授，发挥了赵戴文的潜质，后被福泽谕吉称为其导师。这是因为福泽谕吉非常崇尚在日本整套出版、并且一版再版的中国徐继畲所撰写的《瀛环志略》。

日本人在教学中大量安排了徐继畲《瀛环志略》中的各种撰文。把赵戴文烂熟于心的《瀛环志略》在课堂上教授，这不是在"关公面前耍大刀"吗？福泽谕吉导师讲述《瀛环志略》时提问说："在坐的中国留学生谁能为大家上台讲一讲呢？"

赵戴文大胆登上讲台慷慨陈词："徐先生的《瀛环志略》不仅文字简练，叙事清晰见长，而且以见识精辟，胆略过人称世。徐先生与我同乡，五台东冶镇人，他长期在我国东南沿海为官，为中国了解西方，认识西方，做出了较大贡献，成为中国第一代睁开眼睛看世界的代表人物。如：在中国史籍中一直认为南极为极热之地，因而越往南行越热，尽管当时的西学渐入，但许多人仍然坚持此说法。然而徐先生在美国传教士雅裨理的帮助下，摒弃旧说，对南极洲做出了较为科学的解释，我可以为大家背读一段。"

在坐一旁的福泽谕吉导师和同学们一起为赵戴文鼓掌。

赵戴文以微笑点头还礼，背诵道："'从北冰洋知到之，南极洲未之前闻，倾阅西洋人所给的地球图，于南极之下注曰南冰海，以为不通华文，误以北冰海例称之也。询之米利坚人雅裨理，则云：此理确凿，不足疑也。赤道为日驭正照之地，环绕地球之正中，中国在赤道之北，即最南滨海之闽广

在北黄道线①内外，较之北地，寒暖顿殊，遂以为愈南愈热，抵南极而石烁金流矣。殊不知，日驭所行乃地球正中之地，由闽广渡海而南，水程约五六千里，而至婆罗洲一带，乃正当赤道之下，其地隆冬如内地之夏初，然再南而至南道线②之外，其气渐平，再西南……则坚冰不解，当盛夏而寒栗。由此言之，南极之为冰海，又何疑是乎？中国舟行不远，以闽广为之尽头，遂误以为赤道为南极，固宜其闻此说而不信也.'③这一段撰文，反映出了徐先生甄别资料时的严谨态度，同时也反映出了美国传教士雅裨理在徐先生写作过程中所起的作用。"

众留学生拍手鼓掌，福泽谕吉导师也拍手鼓掌并频频点头。

赵戴文向大家鞠躬还礼后继续说："但《瀛环志略》这部著作给作者带来一段坎坷的命运，作者著书的目的在于警世、经世。从材料的取舍，语音的表述和有关事物的评价上，都反映了作者个人的政治倾向和感情色彩。作者久经官场，身居高位，官员间的相互倾轧，仕途的凶险以及因文字而招致横祸的史例，他都是很清楚的，但徐先生在著此书时，却能毫不顾忌，直抒己见，以致最终遭弹劾，解职回乡。《瀛环志略》之所以能在思想价值方面比同时代的著作略胜一筹，徐先生的个人胆略见识是首要因素。"

赵戴文侃侃而谈像是在说故事，深深吸引各国留学生，在讲到徐先生的人生坎坷经历时，他悲愤地说："其实，徐先生不论赞扬华盛顿还是他所提出的国家最高权力的选举制度，都只是想让人们了解世界各国的政治制度，并没有威慑皇权的意思。然而徐先生立即被免去福建巡抚之职改任太仆寺少卿，翌年，再遭弹劾，朝廷削徐先生一切职务，圣批'速返乡'。"

---

① 即北回归线。
② 即南回归线。
③ 《瀛环志略》第1~5页。

此时的赵戴文脸上掠过一丝安慰又说："可美国来华传教士雅裨理将《瀛环志略》翻译并寄回美国出版，在美国产生了很大的反响。因为美国还没有一本反映当时美国第一任总统华盛顿如此英雄气概的书籍。华盛顿死后，1853年华盛顿纪念馆落成典礼时，美国人便把《瀛环志略》有关介绍华盛顿事迹的两段话刻于石碑上。"赵戴文朗声背出碑文内容：

钦命福建巡抚部院大中丞徐继畬先生所著《瀛环志略》曰：华盛顿，异人也，起事勇于胜广，割据雄于曹刘，……其治国崇让善俗，不尚武功，亦迥与诸国异，余赏见其画像，气貌毅绝伦，呜呼，可谓人杰矣！米利坚合众以为国，不设王侯之号，不循世及之规，公器付之公论，创古今未有之局，一何奇也！泰西古人物能不以华盛顿为称首哉。

大清国浙江宁波府镌　耶稣教信辈立石

合众国传教士识　咸丰三年六月初七日。

赵戴文也不知哪来的勇气，一只手握着自己的另一只手自然放在身前说："世变之际吹到中国的'西风'、力图使中国人信奉上帝的'西人'，导致徐先生思想上的变化，并由此萌发了著书立说介绍西学的愿望。他的这一变化，在当时中国'睁开眼睛看世界'的有识之士中，颇具某种典型意义。就徐先生来说，他'知夷'的目的显然是为了'师夷'，而'师夷'的目的更多的是为了'制夷'。但对雅裨理等西方人来说，他们介绍西学的目的是为了改变中国人对西方的看法，以使中国向'上帝'全面开放。两者目的尽管不同，但在使中国人全面了解世界这点上无疑是一致的。正是因为这种一致，导致了中美史上的这段佳话，这倒是徐先生在撰写《瀛环志略》时始料未及的。"

课堂里再次响起了热烈的掌声。

第六章　接受西学　思索中国

赵戴文进入东京宏文师范学院，正值日本明治维新以后，不论社会设施上的先进技术，还是国民的精神状态，与中国当局的政治腐败、军无斗志、经济落后、外交无能的种种劣迹形成明显对照。谭嗣同在《仁学》中说："俗学陋行，动言明教，敬若天命不敢逾，谓若国宪而不敢议，嗟呼！以名为教，则其教己为实之宾，而决非实也。又何况名者，由人创造，以上制其下，而不能不奉之；则教千年来三纲五伦之惨祸烈毒，由是酷焉矣。"这是对中国封建制度和清朝统治有力的批判，赵戴文深有同感。

日本的明治时代（1868-1912）是资本主义形成、发展并走向帝国主义的时代，也是日本从 19 世纪迈入 20 世纪的世纪之交的时代。从文化历史上看，明治文化一方面要为明治初期新政府建立资本主义国家近代体制提供依据，又要为其后的资本主义近代化建设服务；另一方面日本文化还要完成自身的转型，展开文化本身的发展。从总体上看，明治文化大体经历了启蒙与西化、批评与反思、折衷与创造这样三个阶段。

日本在明治初期，刚刚从封建体制中脱胎出来的新政府，为实现向资本主义的彻底转变，提出文明开化、殖产兴业、富国强兵三大政策。文明开化意味着从前封建社会的解体、意味着被资本主义所代替。当时日本已经认识到既要汲取西方的物质文明，更要汲取其精神文明。赵戴文的导师福泽谕吉说："文明有两个方面，即外在的事物和内在的精神，文明外形易取，而文明精神难求。"因此，他提出一个理论："首先改革人心，然后改革政令，最

后达到有形物质。在日本实现现代文明。"

于是，以"明六社"为中心，一批有为的知识分子掀起了思想启蒙运动，西化大潮冲击着日本列岛，荡涤着社会的方方面面、角角落落，震撼着日本人的心。但是，潮水有涨必有落。在西化热潮稍事冷却后，国粹主义者复出，试图否定启蒙成果，复活传统。在批评复古逆流肯定文明开化大方向的同时，有识者也对前期思想文化界的混乱进行反思，根据日本近代社会发展的需要，探索以导入的西方文化为媒介，创造出日本现代文化的道路。可以说，明治后期文化已经完成现代转型，并且在与西方文化共流、撞击与相融中，探索出现代日本文化发展的独自道路。

赵戴文及中国留学生们到达日本时，日本正处于东、西方文化大交流时期，感受着这形形色色的文化冲击，真是大浪淘沙。想起自己未出国前，在山西听到和看到的较为先进的议论和文章大都是变法维新的东西，诸如康有为创刊的《中外纪文》，梁启超主编的《时务报》、《变法通义》和《论中国积弱由于防弊》，严复翻译的斯宾塞尔的《天演论》等改良主义的著作。他们所提倡的只是改良而已，既不想推翻清朝反动的封建政权，又不敢触动帝国主义。依靠的是一位并无实权的光绪皇帝，幻想用"和平合法"的手段进行至上而下的改革。虽然改良主义的东西曾也影响了赵戴文的思想，但到达日本后，视野开阔了，回头再看，改良派们从骨子里透出的是不彻底性。

在接受西学文化教育知识及科技文化知识后，赵戴文的思想起了变化，同去日本留学的徐一清，与他不仅关系密切，而且想法也非常一致。有时候两人探讨中国之出路时，能谈上大半个晚上。两人不停地发出疑问，一个不足中国十分之一的日本岛国，为什么接受西学文化知识时是如此之快，而我们泱泱大国为什么如此闭关自守，在接受西学文化时远远落后于日本呢？他们为此苦苦思考，中国的出路在哪里？中国的崛起在哪里？

第七章　接触禁书　赞同民主

赵戴文在与中国留学生们的交往中，参加了景梅九为会长的山西留学生"同乡会"，并集体剪掉了拖在身后的辫子。虽然清政府规定不准剪掉辫子，但到日本的留学生，大都思想进步，既不愿意上街时让一群日本小孩子指着喊"豚尾奴"（豚即小猪），又不愿意拖着辫子被同学们视为保皇派。

赵戴文在集会时不经意间接触到了一些禁读的小册子和书刊——足以使他茅塞顿开的新论说，新思想，新主张。如：孙中山在 1904 年发表的《敬告同乡书》、《驱保皇报》等文章中所述的"革命、保皇二事，决分两途，如黑白之不能混淆，如东西之不能易位……事理相反，背道而驰，互相冲突，互相水火"，揭露康有为、梁启超等所说的"名为保皇，实为革命"不过是一种宣传骗术。"……彼辈所言保皇为真保皇，所言革命为假革命。"

从此赵戴文有意识地收集这些所谓的禁忌文章。一方面想解答自己对中国现状的不满、疑惑，另一方面想找到如何使中国摆脱现状的途径。此时章炳麟在上海《苏报》上登载的《驳康有为论革命书》一文秘密传到日本，也是针对康有认为中国人民"上理未明，旧俗俱在……不可行立宪，不可行革命"的荒谬论点进行反驳。章炳麟的文章说："公理未明，既以革命明之；旧俗之俱在，既以革命去之。"

陈天华也是一位留日中国学生，他在 1903 年，怀着对祖国的无比热爱和对帝国主义的深仇大恨，写成了《警世钟》《猛回头》两本小册子暗中发表。文章通俗流畅，既阐明中国必须进行民主革命的道理，又对帝国主义侵略给

中国人民和民族带来的深重灾难作了深刻的揭露。特别是沙皇俄国侵占我东北拒不撤兵，更是痛心疾首，号召全国人民立即行动起来："改条约，复税权，完全独立；雪仇耻，驱外族，复我冠裳。"挽救民族危亡，必须实行革命，推翻清政府。

在日本留学的邹容，于 1904 年在上海发表了《革命军》一文，以满腹的热情歌颂革命，歌颂民主，论述中国进行民主革命的必要性和正义性。他主张用革命的手段"扫除数千年种种之专制政体"。并指出：只有打倒帝国主义的"奴隶总管"清王朝，中国人民才能获得民族的独立和社会的进步。

"革命"、"民主"让赵戴文足以热血沸腾，在日本读到如此激进的文章，让他明白一个道理，靠一些改良派拯救中国那只是"隔靴挠痒"，中国的前途是推翻腐朽堕落的清朝政府。

赵戴文在日本学习之余，多次参加"同乡会"进步中国留学生们的秘密活动，探讨回国后如何开展"革命"等等。因为在每个中国留学生的心中都不曾忘怀：公元 1901 年 9 月 7 日俄、英、美、日、德、法、意、奥、西、比、荷 11 个帝国主义国家胁迫清政府签订丧权辱国的《辛丑条约》，仅赔款一项就达四亿五千万两白银，规定在三十九年还清。凡有一点正义感和爱国思想的人，能坐以待毙吗?! 身为平民的赵戴文更是难平心头之痛。中国为什么走到如此之地步？谁造成如此之恶果？所有参加集会的留学生无不义愤填膺。

赵戴文生来就有一股倔犟劲，只要他认定是对的，他就会不顾一切地去追求、去奋斗。从此，赵戴文便由一个儒家学子和同情支持维新变法的热心者，变为积极支持和追求民主革命的先进分子了。

第八章　入同盟会　研习兵法

　　1905 年 7 月孙中山从欧洲抵达日本横滨，与黄兴、宋教仁、蔡元培、吴敬恒等革命组织领导人见面，并开始筹划联合在日本的"华兴会"、"光复会"等革命组织，讨论成立一个全国统一规模的革命组织，以便领导全国的民主革命运动。

　　1905 年 8 月，在友好人士内田良平的牵线下，结合孙中山的"兴中会"，黄兴与宋教仁等人的"华兴会"，蔡元培与吴敬恒等人的"光复会"、"爱国学社"，张继的"青年会"等组织，在日本东京成立"中国革命同盟会"（简称中国同盟会）。孙中山先生被推为"同盟会"总理，他所提出的"驱除鞑虏，恢复中华，创立民国，平均地权"被确定为革命纲领，并将华兴会机关刊物《二十世纪之支那》改为《民报》。

　　孙中山在发行刊上首次提出"三民主义"学说，即"民族、民权、民生"，并力主将三民主义灌输人心，而化为常识。并与梁启超、康有为为首的改良派展开激烈论战。

　　为壮大中国"同盟会"的革命队伍，在孙中山先生的统一领导下，由几个社团秘密织织爱国讲演会，邀请进步中国留学生相约到会。8 月 13 日，东京的华侨和留日中国学生 1300 多人举行盛况空前的集会，欢迎众望所归的中山先生演讲，人们把他视为"中华民族的英雄和四万万人民的代表"。

　　当时设在东京鞠町区富士见楼的会场容纳不下如此多的人，有几百人情愿站在马路上听。孙中山先生在会上作了长篇演讲，针对康、梁保皇派散布

的言论，进行了尖锐而深刻的批驳。

在爱国讲演会上孙中山先生的炙热爱国精神和振奋人心的讲演，在中国留学生中引起了强烈强烈的共鸣。赵戴文、阎锡山等被孙中山先生声情并茂的讲演魄力深深地感动。

赵戴文、阎锡山都是五台人，在这次爱国讲演会上二人得以结识，备感亲切，具有"老乡见老乡，两眼泪汪汪"之情怀。同时还结识了追随孙中山在东京从事革命活动的山西神池县留学生谷思慎。他是"同盟会"山西分会首任干事。二人向谷思慎说很想面见孙中山先生，请谷思慎帮忙引见。

谷思慎已听说阎锡山等同学近来从日本致函北洋大臣袁世凯和南洋大臣端方，要求他们停止残杀留日返国革命学生，否则将不惜以一万革命志士的生命换他们两人的性命！谷思慎因此看到了阎锡山的革命热情，并已了解到赵戴文在积极靠拢"同盟会"组织，便满口答应下来。

于是在谷思慎的帮助和引荐下，赵戴文、阎锡山被允许面见孙中山先生。在慈祥端庄的孙中山先生面前，赵戴文不免有些拘谨，而阎锡山把早已想好的问题，也就是孙先生提出的"平均地权"四字的含意是什么向孙中山先生提出来，请求孙先生做一解释。

孙中山先生面带笑容耐心地解释说："'平均地权'的'权'字，不是量，也不是质。这也就是说，不是说地亩多少，也不是说地质好坏，是说它的一种时效价值。"

阎锡山很是不得要领地问道："孙先生，学生还是不大明白其中的道理。"

孙中山先生顿了顿站起身来打着手势说："我给你们举一个例子吧。比如纽约原来是个沙滩，可以说土地不值一个钱。现在因繁盛起来，一平方尺地即值银子七百两哩。"孙中山先生发挥着自己的思路，侃侃而谈继续说：

"像纽约这类现象，世界上太多了。就我们中国来说，上海、天津、汉口、广州都是这样，而且还在继续发展。因此，我认为中国应该实行平均地权。"

赵戴文此时也放松下来了，大着胆子向孙中山先生问道："那么，因个人人力而开发改良的土地是否也要归国家享有？"

孙中山先生目光炯炯坚定果断地说："不可以。个人人力开发改良之土地应归属人力者所有，这是对开发改良土地者的奖赏报答。"

这次会见虽然仅有半个小时，但却让赵戴文、阎锡山顿开茅塞，留下了终身难忘的记忆。此后，他们便主动地接近孙中山先生，每次都从孙先生那里懂得了许多革命道理。孙中山先生后来风趣地称赵戴文、阎锡山为山西五台的"一文一武"。

后来孙中山先生的爱国讲演逐渐深入，一针见血地指出："清末百年之间，中国与世界交往，事事相形见绌，国势日衰，成为列强瓜分的对象，为改革而不改革，能进步而不进步……"他进而指出："爱国志士应认清清朝腐败统治是亡国之根，所以，革命应以推翻清政府统治为目标。"

在孙中山先生的教诲下，赵戴文、阎锡山明白了许多革命道理：中国积弱的原因就是倾于保守，而让西人独步，救中国只有靠革命武装推翻帝制。孙中山先生的"三民主义"，将政治革命同民族革命并行，在实行民族革命、政治革命的时候，须同时改良社会的经济组织，等等。

孙中山先生救国救民思想的感召力是如此强大，在日本的中国爱国者迅速团结起来，同盟会的力量日益壮大。虽然在此之前，在以孙中山先生领导的中国南方各省历次革命斗争多有失败，但也吸取了很多经验，增强了革命斗志，使孙中山先生所提出的以暴力推翻清政府的信念越来越坚定了。

1905年农历十二月二十九日阎锡山、赵戴文、温寿泉、乔煦、张瑜、徐一清等等，相继在黄兴主盟下加入"同盟会"，从此，赵戴文便开始了正式的

"革命"生涯。在日本宏文师范学院学习的业余时间里，赵戴文就积极联络中国留学生中的进步同学，秘密宣传同盟会纲领。在他的引荐下，徐楠元、李栖鹍、杨泰岩、向映斗、赵子初等进步青年先后加入"同盟会"。凡在日本由赵戴文介绍入会之同盟会员，大都是山西籍优秀爱国青年。

好友阎锡山也不示弱，在孙中山先生"推翻帝制，创立民国"的指导方针指引下，在日本振武士官学校学习军事的山西籍几位"同盟会"成员阎锡山、温寿泉、乔熙、张瑜等，利用在一起学习军事之便秘密组织了"铁血丈夫团"，该团的取义是《孟子》关于"富贵不能淫，贫贱不能移，威武不能屈"才能算得是"大丈夫"的观点。出于革命军事斗争的需要，阎锡山结合他在学校的学习，草拟了两本小册子，一是《革命军操典》，内容是军队编制的改善；另一本是《革命军战法》，其中特别重视夜战。

赵戴文阅读了《革命军操典》和《革命军战法》后，觉得虽然还不尽完善，但有很多对西方作战方式的借鉴。他对好友阎锡山的做法好生羡慕，差点生出自己也改学军事的念头了，因为赵戴文对中国军事理论也是略知一二的，在某种程度上也是触发了赵戴文的敏感神经。

在赵戴文发展的同盟会成员中还有一位特殊人物，就是他的同乡五台县东冶镇人，叫王建基，是赵戴文在家乡组织民团保卫乡里的乡人，二人格外亲密，因为他们曾患难与共地在一起同追杀的清军拼搏过。他比赵戴文小七岁，家庭比较富有，身体又很强壮，到日本自费留学，学习体育，就是通过赵戴文同日本导师的友好关系推荐来的。王建基为人赤胆忠诚，从不设城府。他们有一个共同的爱好，就是热衷于军事学问。

赵戴文对中国古代的《孙子兵法》、《孙膑兵法》是很有研究，又加之好友阎锡山的《革命军操典》和《革命军战法》，让他了解到西方的战略思想和作战方式。赵戴文取其各方优势并加以发挥，在他带动下，王建基也热忠于

军事的探讨。

赵戴文和王建基在留学生中，成立了"体育学会"，其实是在研究军事学问，并且练习操法和射击技艺，研究谋略做战技法，等等。后来有很多中国留学生、"同盟会"会员加入到了"体育学会"中来，很快得到"同盟会"总部的认可和大力支持，并发给几只步枪、手镭，以便练习瞄准、投掷。"体育学会"的目的很明确，准备回国后要在晋北、归化（呼和浩特）一带建立起革命根据地招兵习武，组织民团，和革命军一起，出兵张家口，直捣北京，来推翻反动的清政府。

后来"体育学会"在就成为山西"同盟会"分会了，赵戴文便成为留日学生山西籍"同盟会"开展革命活动的核心领导人之一了。

在后期的日本宏文师范学院的学习中，赵戴文因为学识渊博，宏文学院聘他为导师。赵戴文利用这机会，一边学习，一边向同学们授学。在教学中穿插一些中国古代兵事之学问，如：《孙子兵法》、《三十六计》等等，受到同学们的热烈欢迎。

他讲《三十六计》是最为拿手，因为每一计都能倒背如流，就如同给同学们讲故事，如他讲《三十六计》中的一计：

"瞒天过海——所谓瞒天过海，就是故意一而再、再而三地用伪装的手段迷惑、欺骗对方，使对方放松戒备，然后突然行动，从而达到取胜的目的。此谋略绝不可以与'欺上瞒下'、'掩耳盗铃'之类等同，虽然'瞒天过海'在某种程度上含有欺骗性在内，但其动机、性质、目的是不相同的。这一计的兵法运用，常常是着眼于人们在观察处理世事中，由于对某些事情的习惯不疑，而自觉不自觉地产生了疏漏和松懈，故能乘虚而示假隐真，掩盖某种军事行动，把握时机，出奇制胜。防备得周全时，更容易麻痹大意；习以为常的事，也常会失去警戒。秘密常潜藏在公开的事物里，并非存在

于公开暴露的事物之外。公开暴露的事物发展到极端，就形成了最隐秘的潜藏状态。"

有位外国同学提问："请问，中国古代的《三十六计》都是骗术吗?"

赵戴文马上更正他的提问说："No! 中国古代兵事《三十六计》，是兵事的计谋。是在与敌对垒时，知己知彼上的智慧与作战方案上的较量。"

有位日本同学提问说："我听过中国古代'围魏救赵'的故事，好像也是一计吧?"

赵戴文微笑地点点头说："是的，'围魏救赵'本指围攻魏国的都城以解救赵国。就是借指用包超敌人的后方来迫使它撤兵的战术。进攻兵力集中、实力强大的敌军，不如使强大的敌军分散减弱了再攻击。也就是攻击敌军的强盛部位，不如攻击敌军的薄弱部分来得有效。所谓'围魏救赵'，是指当敌人实力强大时，要避免和强敌正面决战，应该采取迂回战术，迫使敌人分散兵力，然后抓住敌人的薄弱环节发动攻击，置敌于死地。"

所有听课的同学们报以热烈的掌声，喊道："请再讲一计。"

赵戴文摆摆手说："好吧。我再讲一计，叫'声东击西'，是指表面上声言要攻打东面，其实是攻打西面。中国古代军事上称：使敌人产生错觉的一种战术。此计是运用'坤下兑上'之卦象的象理，喻'敌志乱萃'而造成了错失丛杂、危机四伏的处境，我方则要抓住敌人这一不能自控的混乱之势，机动灵活地运用时东时西，似打似离，不攻而示它以攻，欲攻而又示之以不攻等战术，进一步造成敌人的错觉，出其不意地一举夺胜。"

下学铃声响了，可同学们是意犹未尽，都说以后请赵导师多讲几计，中国古代军事之《三十六计》，能使人变得智慧、聪明。做任何事情一定要动脑筋，不能生搬硬套，要靠聪明智慧达到完善。

第九章　争回矿权　树立信念

赵戴文有个在宏文师范学院的同窗学友叫李培仁，是山西阳高人，也是被赵戴文发展的"同盟会"会员。在假期回家探亲时，让他遇到一件义愤填膺的事：就是英国福公司（代表人是意大利商人罗沙第）勾结中商，经山西巡抚胡聘之同意，把山西盂县、平定州、泽州（晋城）、潞安府（襄垣县）所属煤矿、铁矿的开采权，让给了英国福公司进行开采。

李培仁为支援和激励山西各界争回矿山开采权的斗争蹈海自杀。这一壮举马上传遍全中国。传至朝廷，朝廷竟无动于衷，坐视不管，甚至不以为然。传至日本，在中国留学生中，引起很大反响。正在吃晚饭的赵戴文听到此事后怒发冲冠，扔下手中的饭碗，跑到面向中国的大海边，大声呼喊："李培仁，李培仁，我的好友李培仁啊……"

当同学们来到时，赵戴文已泪流满面了。大家在沙地上竖起两只白色的蜡烛，点燃，赵戴文拿过同学们带来的三只香，点燃，和同学们一起跪下，赵戴文把点燃的三只香高高举过头顶，插入沙中，和同学们一起朝着中国的方向磕了三个头。赵戴文悲痛地喃喃："培仁呀，你是那样的和善，由于日本话说的不好，在课堂上从不举手向导师提问题，过后又总是来向我请教。你在同学们中总是那样的慷慨大方，帮助有困难的同学。培仁呀，你那亲切的笑容在我脑海中浮现，你那潇洒干练的风度让我很是敬佩。培仁呀，我想不出你怎么会有如此壮举?! 你把你的好友、同学们惊着了；你把你的好友、同学们搞懵了。我们怎么办? 你告诉我们哪。家乡如此大的事件，你怎能有

如此勇气自己来担当！你怎能有如此勇气破釜沉舟地做出惊人的蹈海之举?！呜呼！……"

煤一般黑的夜幕紧紧包裹着久跪大海边的这群年轻留学生们，他们任由时间流逝着……

当更多的留学生们知道此事件时，纷纷罢课一天，声讨出卖国家资源的卖国行径，留学生们的肺都要气炸了，可又不能马上回国声援，于是在赵戴文的倡导之下，口诛笔伐借李培仁之名写成《李培仁蹈海绝命书》一文，道出了赵戴文怀念学友李培仁和在日留学生誓死争回山西煤矿、铁矿开采权的决心：

李培仁蹈海绝命书

呜呼！我最亲爱的之父老兄弟，我最敬佩之青年志士，我将与世长别矣！我魂已逝而心未冷也，我目未瞑而口尚欲言也。我非甘心好死，我实不忍见彼紫髯绿睛之辈坏我利权，致我死命也；我实不忍见以矿为主之同胞顿失生计，困苦颠连而转死沟壑也；我实不忍见无矿无路之同胞，脂膏既桔，体魄自殒，相率而至于无憔类之惨状也！

某西人谓中国矿产甲五洲，山西煤铁甲天下。我同胞何幸生于斯，族于斯，拥此铁城煤海之巨富，乃以胡涂之总理衙门，媚外之山西巡抚，于光绪二十四年，私立合同送福公司。此约一成，则为我二千万同胞买下预约死券矣！

矿产者，命脉也。政府官吏既实行亡我矿产，则命脉断，而我同胞有必死之势。彼令我死，我岂甘让彼生……遇卖矿民贼，当破其脑，爆其身，以代天罚而快人心。

噫！自古谁无死，某愿殉身以为我义侠同胞倡。我同胞虽讥我为疯癫，

赵戴文

【晋学文化之旗帜人物】

轻为鸿毛，亦所不辞；我非同胞学我死，惟愿率敢死之气，抱决心之死心，出而与卖矿者激战，死中求生。枯海可翻，某死有余辜矣！

　　某今当与诸君永别。请立一誓：有制吾命者，吾亦毙其命；有绝吾生者，吾亦杀其身！山西人未全死，决不令外族侵我尺寸土！记之，记之，勿忘某此言……某恨未能手毙巨奸，唯有一死请罪同胞。而此得失存亡之责任，则诸君负之。言至此，魂飞气绝，欲言无声，欲泣无泪矣……身虽死，目不瞑矣！

　　在赵戴文的安排和多方面的疏通下，很快将《李培仁蹈海绝命书》公布于世。国内国外群情激愤，又把山西的争矿运动推向了一个新高潮。

　　在东京、在山西，由山西同乡会、山西各界爱国团体和革命同志组织举办了形式不同的追悼会，与会者无不悲愤填膺，而赵戴文更是动情，亲自在追悼会上含泪演讲《李培仁蹈海绝命书》，并迅速致电山西政府，慷慨陈词，表明态度。

　　一时间山西省各大院校、群众团体、爱国爱省人士自发组织起来，罢课、罢工，举行示威游行，致使所签订的协议全部作废。

　　从这一事件中，赵戴文更坚定了自己的信念，推翻帝制，创建民主，一定要树立国家、民族的尊严。

第十章　领命回国　宣传革命

　　1906 年秋，赵戴文由东京宏文学院师范专科毕业，准备归国。适逢学期放假，阎锡山因为和赵戴文是好友又是同乡，准备利用学期放假一同归国探亲。于是二人来到同盟会总部辞行。他们是孙中山先生到日本成立"同盟会"以来的第一批"同盟会"骨干力量，就是在日本也是为"同盟会"组织做出了很多贡献的。"同盟会"总部及孙中山先生很是信任赞赏，于是决定：鉴于"北方民风顿塞，急需做好革命的发动宣传工作"的现实，拟派以赵戴文、阎锡山为中心的骨干分子回山西开展革命，发动宣传工作。

　　赵戴文、阎锡山早已树立"革命"信念，便坚定地接受了"同盟会"总部及孙中山先生交给他们的这项辛苦而艰巨的任务，结伴同行。他俩携带"同盟会"总部发给他们的作为发动革命武装起义时用的两枚炸弹，从东京搭车到达神户，在神户乘轮船，经过三天的飘泊，抵达上海黄浦江码头。

　　当他们走下轮船舷梯的时候，蓦然发现，海关检查非常严，码头出口处警探林立，两人都不由自主地紧张起来。他们随身各携带炸弹一枚，怎么隐藏呢？再多想来不及了，于是阎锡山便把赵戴文携带的那枚炸弹要了过来，对赵戴文说："夫子呀，如果被查出来，们一人当之，你可不敢承认是与们同行之友，检查时们站在前列，你站在后列……"

　　赵戴文马上打断他的话，坚定地说："不行！那我成什么人了？你这是在小看我了吧。再说，咱们有难同当，咋叫你一人担了。要不，我站在前列，你站在后列如何？"

阎锡山说："嘿！不是那个意思。们是想，在人们的意识里，站在后列，有畏惧检查之嫌，更会被人注意重视，而们站在前列有可能被轻视，夫子呀，这和'担当'没关系。"赵戴文考虑了一下，感到阎锡山说的也有一定的道理，于是，便让阎锡山把两枚炸弹隐藏在内裤袋里，为阎锡山披上自己的大衣，作一遮盖，走在了自己前面，他拿着重重的行李紧跟在阎锡山后面。

此时的阎锡山摆出一派轻松气势，大摇大摆地朝着海关检查出口走去，赵戴文紧跟不放。果然，海关人员对站在阎锡山身后的赵戴文进行了严格的检查，在对赵戴文全身严格检查时，阎锡山已出港口了。阎锡山回身得意地对赵戴文做着鬼脸，赵戴文此时抿着嘴唇，情不自禁地露出胜利的微笑。两人顺利过关了。

等赵戴文出港口后，阎锡山接过自己的行李，轻松自豪地说："们的夫子呀，你看见了没有，愈危难处，愈不可畏缩，畏缩则引人生疑。"

赵戴文的一身冷汗渐渐退去，触景生情地说："遇难生死难料，智慧逆转平安。咱们这可真成了生死之交了。"

阎锡山马上说："那可不，生死之交就是危难之际相互担待。们也看出来了，你老兄虽然是一地道的文人出身，但遇事也不含糊。可们的胆量还是比你大些些，你说是不是?"

赵戴文投以敬佩的眼光说："你老弟在这方面就是比我强。今天要是没你，不定出什么乱子呢!"

私携炸弹过海关一事，由于两人的临阵沉着和正确判断，有惊无险地闯了过来。然而，两人在危险时刻所表现出的争相承担责任的精神却永远地留在彼此的记忆之中，从而为他们日后长期合作共事、相知相交奠定了良好、扎实的基础。

赵戴文和阎锡山乘船从上海逆江而上到达汉口，在一家旅馆住下歇脚时，

看到房间的墙壁上写着："事到难为宜放胆，人非知己莫谈心"的两行联语，阎锡山马上低声说："一定是革命党人所题，要不然就不会有这种感想。"

赵戴文看之也有同感，点点头，可转念一想也低声说："不过，这两句话到底是不是革命党人所题，很难证实，也许是题者无意，阅者有心呢。"二人会意地点点头笑笑了之。

回到山西，阎锡山仅回河边村住了四五天，便与赵戴文相偕前往五台附近各县活动。为了隐蔽从事，两人以旅行为名，一方面，观察雁门关内外山川关隘及五台山周边的地形，另一方面赵戴文和阎锡山马不停蹄地在五台周边各县和雁门关内外各处的学生、商人和僧侣中秘密宣传革命主张，要民主，不要皇权，大力斥责清廷短短几年给中国带来前所未有的灾害等。两人宣传一个月，可收效甚微。

不过这次回省布置宣传革命，对赵戴文和阎锡山也是一次很好的锻炼。二人充分认识到，发动政治革命，绝不是仅凭几句政治口号就能了事的，更不是仅靠课堂知识就能解决得了的。

随后阎锡山回到日本继续完成他的学业。赵戴文只好接受山西教育公署对归国留学生的工作安排。到山西教育公署报到时，恰逢日本留学学友徐一清，这让赵戴文一扫前一段秘密开展革命宣传工作不顺的郁闷。又看到自己和徐一清一同被分到山西农林学堂任教习工作，非常高兴，两人紧紧握住对方的手，频频点头，以示坚定革命信念，只是在此不便言说。

这时山西教育公署署长请他们进办公室谈话。赵戴文、徐一清一进门，教育公署署长抱拳微笑地说："二位归国留学生好！快请坐下。"赵戴文、徐一清也抱拳微笑地还礼说："署长好！不客气。"他们坐到了椅子上。

署长继续说："山西隰州学政孟步云先生在当地创办女子学堂，很有反响。公署决定请两位学教育学的留学生与公署学政一道去山西隰州作一考察，

因为我们山西还没有创办女子学堂的先例，你们留学归国，一定见多识广，对山西的教育事业一定要上心哟。"

赵戴文马上起身微笑说："署长，您太夸奖了，我们也只是学到了一些皮毛而已。至于咱们山西的教育事业，我们一定会上心的，一定努力把所学知识奉献出。"

署长欠了欠身子，高兴地继续说："哇！不必过谦，我还要向你们学习呢。"赵戴文、徐一清忙摆手示意。二人愉快地接受了署长临时交给他们的这项工作，随即起身告别教育总署署长，同教育总署学政前往隰州考察。

第十一章　奔走呼号　创办女学

清光绪三十年，在山西提倡妇女"天足"，创办"天足协会"第一人的孟步云先生任山西隰州学政①。在他任职时感到女性不仅要放足，还要让其走出家门，像男子一样进入学堂学习知识，这才是真正地解放女性。

清光绪三十一年（1905年）五月十八日孟步云向朝廷呈报开发创办女子教育之事宜，拟创办女学教育，得到光绪皇帝亲批："事为好，女子教育可树立。"孟先生在隰州豪绅王嘉会、王尚德的大力赞助下，当年九月在城内南通巷白衣庵创办了山西省的第一所"女子学堂"，孟步云任堂长。学堂规定：女学生必须是天足或放足女子，没有放足的女子，帮助其放足后再入学。

女子学堂正式授课的第一堂课，就是由孟步云的夫人郭仙英开讲的。郭仙英很激动，用激昂的言词讲到："中国妇女几千年来受封建思想的禁锢，不仅在家庭中没有地位，就是在社会中也没有立足之地，活像一个囚犯，围着锅台转。咱们从今往后，要从现实的处境中挣脱出来，废除缠足的陋习，要和男子一样走出家门，学习知识，掌握技能，为社会服务，用自己的双手创造自己的幸福生活。"

讲到这里，在座的所有女孩子不论年龄大小，脸上露出前所未有的兴奋，郭仙英继续讲到："咱们女学堂的女学生们一律剪齐耳的短发，穿白色中袖上衣，黑色裙装，不涂脂抹粉，你们同意吗?"

---

①学政：清朝政府钦点之官，专职管理和督察一省、州、县教育事务。

台下坐的女孩子们齐声喊："同意。"郭仙英继续说："咱们所开设的课程有：国语、算术、史地常识、自然、还有珠算、书法课及手工课。"郭仙英首次公开登台授课，是山西省妇女登台讲学的先例，为妇女树立了很好的榜样。

隰州白衣庵女子学堂轰动了全省，山西教育总署派山西教育总署的学政和刚从日本留学回国的学子赵戴文，徐一清前去视察。孟步云在短短的两年时间就把隰州的教育事业搞得热火朝天，尤其是创办全省第一所女子学堂。赵戴文作为学习教育的学子，真是备感兴奋。

赵戴文、徐一清同山西教育公署学政视察了女孩们在学堂里的学习情况，了解了所学习的各门功课，特别是看到女学生们整齐统一的制服，都是天足、放足女子，头发剪短至耳根，三位真是感触极深。

赵戴文认为解放女性也是一种革命，更是社会的进步，自己有责任在女子接受教育方面做出努力。于是对孟步云说："孟先生，到山西省署地太原创办女学教育，把您的先进办学方法引进省城，将会为我们全山西省女子教育事业起到很大的带头作用。我们回去向署长建议把您调任太原，您愿意吗？"

孟步云愉快地答道："那是件很好的事呀！"光绪三十三年（1907年），清政府正式颁布了《女子小学堂章程》，和《女子师范学堂章程》，女子教育由此在全国起步，并得到较快的发展。六月初，孟步云收到山西省教育总署的调任函，调山西农林学堂，任算术教习。

七月十日，孟步云到任位于太原市上马街的山西农林学堂，到任后才了解到赵戴文、徐一清都是在农林学堂任教习。正值学生放暑假了，于是三人便协商筹办女学教育事宜。

孟步云创立"天足协会"，他来太原后就把在此设立的"天足分会"定为

"天足总会"。孟步云同会员们说："今后我们的工作任务不仅只是为女性放足、提倡天足，而且要动员天足、放足女子同男子一样进入学堂学习文化知识。"

赵戴文、徐一清也参加进来，并带领会员们上街大力宣传女子缠足之弊端，宣扬女子放足后给女性带来的不只是解脱身体的束缚，而且是能走出家门，进"女子学堂"学习文化知识。印发了大量宣传资料，送发到各家各户，一时间在太原城震动很大。

人们对办"女学堂"这件事非常新奇，并从宣传资料上看到山西省创办"天足协会"的孟步云会长两年前就在山西隰州创办了第一所"女子学堂"，现在要在太原市创办女子学校。这一新闻传遍了整个太原城，很多人到位于南肖墙的"天足总会"打听，"女子学校"什么时候开办，是什么样子的等等。

赵戴文、徐一清没有想到经"天足总会"这么大力的宣传，现在真是骑在虎背上了，想不干也不行了。可办学需要资金，怎么办？赵戴文、徐一清知道要通过官府拨款办学，不知要等到何年何月呢。于是孟步云提出的集资办学的设想马上得到赵戴文、徐一清及"天足总会"成员的一致赞同，并付诸行动。

他们委身居于矮屋，舌焦唇干宣传于闹市，往返奔走呼号于显贵。一些官僚见为办女学教育如此含辛茹苦，嘲笑他们真是舍掉清福，自讨苦吃。但也有些社会名流以支持的态度为女学创立筹集资金。这些名流贤达如恩寿、李尚仁、冯济川、孟元文、张毅任等等，在短短几天就集资了一万元。

孟步云又回到晋商重地的家乡祁县，向朋友乡绅渠本翘、乔景俨、乔映霞、李钟壁等，筹集到两千元款项。马上成立起了校董事会，利用集资款项两万元购买了东夹巷至南肖墙的三十亩地，有民房八间，包括"天足总会"

的一间。经十多天的收拾、维修、粉刷，焕然一新了，三人从心里涌动出前所未有的成就感。

一九零七年八月二十六日，正式挂牌"太原私立光华女子学校"。孟步云还为祁县前来学习的女学生租了一四合院作为宿舍，门脑上钉"祁县留省学生会馆"牌子。派人把通铺做成能在冬天来临时屋外生火的暖铺。一切生活用具都——购齐，就如同士兵一样，什么都统一，便于管理。

九月一日学校正式开学，在开学典礼大会上，校董事会成员徐一清担任大会的主持，他首先代表董事会宣布女子学校校名为：太原私立光华女子学校。为什么用光华二字呢？光是光明、光荣，是阳光四射，华指我们华夏儿女、中华大地，光华二字意义深远，引导我们的妇女姐妹走出家门，走向光明。校董事会一致推举孟步云先生为太原私立光华女子学校的校长，赵戴文先生为总学监。

第十二章　移栽树木　美化女校

秋高气爽的九月笼罩着整个晋阳大地，位于上马街的山西农林学堂开学了，赵戴文、孟步云、徐一清、到农林学堂报到。农林学堂堂长早有耳闻，听到他们三人在一个暑假里创办了一所女子学校，便把三人请到办公室。

三人一进门，农林学堂堂长便和他们一一抱拳表示祝贺，高兴地说："人家是三个皮匠成为一个诸葛亮，咱这是三个教书匠开创了山西女子教育史的先例啊！"三人坐下，内勤员为三人上茶。

堂长说："我非常高兴你们携手开创的女子教育事业，我要好好支持你们呀，有什么需要帮助的，尽管说，但是我这边的教学工作一定要很好地完成，课余时间你们可以自由安排，可以不坐班，你们的薪水不变。三位青年人，你们前途很远大，好好地发展吧！"

他们三人互相看了看，站起来，走上前紧紧握住堂长的手激动地说："感谢堂长的理解，感谢您的大力支持。"

"哎，三位，咱可丑话先说在头里，一定要出色地代好我这边的课，不然我可不好交代呀。"三人齐声答道："没问题！"

九月二十日，山西总署梁善济咨议长通力协办的拨款三万元到了光华女子学校，校董事会决定先修建学校围墙，另外加建一个水房和厕所，在本月底这些工程全部完工。学生的制服也全部制作完成。

女学生们穿上统一的服装在校园里上操活动，看上去非常有生气，校外边的过路行人停下脚步观看女学生们的活动情况，这让女学生们感到无

比自豪。

一天，赵戴文兴奋地找到孟步云说："一个非常不错的合作项目，我从各方面进行了考察，感到我们可以做。"

孟步云赶紧问："是什么项目？你快给我说来听听。"

赵戴文马上说："我不是代的园林班的国文课吗？我听到园林班实践课有一节是移栽果树木的成活。现在正在找地方完成移栽果树木成活的实践活动。"

孟步云马上就意识到了："对呀，我们的女校是空空如也，让这移栽实践课上到我们校园里是很好的一件事呀！"

赵戴文说："对！"两人一拍即合，约上徐一清，找到农林学堂堂长，说明此意，孟步云说："我们也可以出一些成本费用。"

院长频频点头说："是个不错的想法，既美化了你们女子学校校园，我这边的农林实践课也得以完成，还不亏本，一举三得，何乐不为呢？这还算我支持你们办学呢！"

四个人的手紧紧握在一起，开怀大笑，堂长补充说："我会让教园林的王教习主抓此项实践课的工作，移去的果树木保你明年春暖花开时就能看到美丽的景象了。"

九月底，农林学堂的学生们来到太原私立光华女子学校进行移栽实践课，学生们拉着四辆平车，每一辆上放着一棵半大的树，树根连着一大陀泥土，外边用麻袋片包着，用绳子捆得很结实。后面教园林的王教习带着十几名男学生扛着铁锹排着整齐的队列进入女校，迎接他们的是孟步云教习、赵戴文教习、徐一清教习，女校女学生在校门口排成两行，拍手欢迎。不知内情的农林学堂的学生此时才发现，原来他们的三位教习是开创女子学校的创始人！大伙七手八脚地按着规定位置挖树坑，女校的女学生也找来铁

锹、簸箕一起干，干得热火朝天，不一会儿，四个大坑挖好了。女校的教员们也都前来帮忙。

园林王教习首先往四个大坑撒一些营养肥料，让学生们把树上捆的绳子解掉，麻袋片也拿掉，让大家慢慢移动着树放入大坑中，然后往进注水，边注水边往里铲土，很快树坑就被填平。王教习让学生们把土踩实了，目的是让土壤和树根紧密连接在一块儿，便于根部吸收养分。

王教习还嘱咐孟校长说："到天凉了一定在树干绕上麻绳或包上草帘子。"孟步云问："这四棵是什么树？"王教习神秘地说："明年开春让你们眼前一亮，移了两棵紫丁香树，两棵梅花树。等三班来时再给你移来两棵石榴树，四棵报春花树怎么样？"

孟步云、赵戴文握住王教习的手兴高采烈地说："真是太好了，那我们女校可就成了花园了。"

王教习说："让你们高兴的事还在后头呢，我会派学生轮流到你们这里观察这些果树木的生长情况，保证成活，这些都是木本植物，到明年开春我的学生还要到你们这儿上实践课呢，给你们种上草本植物，有玫瑰花呀，各色菊花呀等等的，你们还可以在你们的校园墙边沿周围买一些柳树苗，让你们的女学生亲手种植。柳树很容易成活，不出两年，你们校园及周围的景观可就大不一样了。你们学校院墙设计的不错，到明年春暖花开时那可就更漂亮了。"

光华女校刚刚把一切安排妥当，山西教育总署来函要调赵戴文到教育公署工作，赵戴文很是惋惜，初创女学教育事业不知克服了多少困难才取得的，就此退出吗？孟步云也实感惋惜，可又为他高兴，高兴的是能到领导阶层工作，不仅薪水高，而且赵戴文在社会上的地位提高了，孟步云于是鼓励他去吧。十月初，女校为赵戴文开了个欢送会，大家高高兴兴地送走了赵戴文。

第十三章　调入总署　关心旧友

在一九零八年的大年初六，孟步云和徐一清二人到赵戴文家拜年。赵戴文马上出来迎接，请二位进家去坐。孟步云说："戴文，初几上班？""初八，可我一上班要去趟北京，上边有大的变革，关于教育制改的，我明天就出发了，多亏你们今天来，要明天来，可就见不到我了。"

孟步云和徐一清两人对视着笑出声来，戴文不解地说："你们俩搞什么鬼，神神秘秘的。"徐一清说："这倒是想什么来什么，天助也，不用咱俩求着他了。"

赵戴文急了，说："你们俩搞什么搞，是不是抓我'大头'呢？"孟步云停住脚步说："戴文，我俩陪你去趟北京怎么样？"徐一清开玩笑地说："我俩鞍前马后地陪你上京搞教育制改，不是好事嘛！"

被蒙在鼓里的赵戴文再也压不住了，扭住徐一清的胳膊说："你说不说真话？"孟步云马上拉住赵戴文说："我们打算去北京购一批时下最新的、具有新思想的书籍，我们要创办一个书局。"

"这是好事呀，我给你们推荐一些书，走，快进屋谈。"赵戴文把二人让到书房，让佣人泡些茶来，赵戴文关上门后说："这过了个年，两人就学会欺负人了，看我以后怎么使坏。"

孟步云马上说："不敢，不敢，刚才俺俩跟你开玩笑，俺俩正盘算着让你开个公函，去北京办事方便，没想到你也要去，真是按捺不住心中的喜悦……"

　　佣人叩门，送进茶，说道："太太说："快到中午了，是否在家用餐？"戴文说："回太太话，不了，我们去清和元吃，请太太来见过二位先生。"

　　赵戴文站起身说："走，去清和元，我请客。"三人出来，赵太太也迎面过来了。"这是我太太。"孟步云和徐一清给太太拜了个晚年，就此告别。仨人出了赵家，徐一清不解地说："戴文，为什么不在家里吃饭，要到外边吃呢？"赵戴文拍拍徐一清的肩，笑眯眯地："那不是我们说话不方便嘛，还得有所顾忌。"

　　"孟校长，你看看，人家做了长官的人就是不一样呀，拿钱买方便。"

　　在清和元仨人坐下，要了两斤羊肉水饺，四碟小菜，一斤白酒，等饭菜都上齐了，赵戴文对跑堂的说："请给把包间门关上。"仨人就边吃边谈，酒足饭饱，赵戴文又让送进来茶水和一个水果拼盘。

　　孟步云同徐一清说："咱们喝完茶水，就得去买明天的火车票了吧？"

　　赵戴文抢着说："不急，明天上火车时买也来得及，大过年的，谁出门呀，就是你们，这么敬业。"

　　赵戴文压低声音说："孟兄，我要说件重要的事，孙中山先生创办的'同盟会'组织非常有号召力，你看啊，他有一口号是'女界知识普及，力量乃宏，然后可与男子平权，则必能胜也'，还有'教育既兴，然后男女可望平权'。孟兄，你看孙先生的思想同你不谋而合吧。我正想通知邀请你参加'同盟会'之事呢，这也是来自'同盟会'总部的决定，只是让过年和学校放假给耽误了半个多月，没来得及通知你。"

　　赵戴文继续说："中国'同盟会'是 1905 年 8 月 20 日在日本东京正式成立的，孙中山先生当选总理，成为领导全国革命运动，推翻封建帝制的中心领袖。"

　　孟步云说："和孙先生真是志同道合呀，看来咱办女学是非常正确的。"

赵戴文说："参加'同盟会'组织，必须是坚定信仰，必须有'同盟会'会员介绍，把简历发回总部，经审查合格后，方可吸收为预备会员，要经一段时间的考察，方可成为'同盟会'正式会员。你是倡导女子天足的第一人，并创办女学教育，孟兄你的事迹，孙中山先生早有耳闻。孙中山先生很是敬佩并邀请你加入'同盟会'组织，建议太原的'同盟分会'教育部和你所创办的'天足协会'合并，由孟步云先生主抓教育方面的领导工作。"

孟步云说："多谢孙中山先生厚爱，我定为女学教育的普及努力奋斗。"

赵戴文接着说："我早把你的简历传到总部了，你呀现在已是正式的'同盟会'会员了，并担任'同盟会'太原分会主管教育的部长。我和徐一清呢在日本就入会了，咱们同心协力把山西的女学教育搞好。"

仨人的手紧紧握在一起。徐一清看了看天色说："咱们走吧，在清和元已呆了三个小时了。"

赵戴文说："那好，咱们就此告别，我去局里就给你们开个公函，也许还真有用，明天一早八点二十分的火车，我负责买票，你们八点以前到就行了。"

第二天早八点整，两人来到火车站，一眼就看到赵戴文，摆手快步上前。赵戴文说："走吧，上火车到石家庄，然后再倒车去北京，没有直达北京的火车，这样我们在路上要折腾两天，到北京是初九。"仨人上了火车，赵戴文买的是卧铺包间，孟步云坐下感到很舒适说："让戴文破费了。"

赵戴文说："破费什么呀，你俩陪我上京，我感到非常愉快，要不我一人坐火车多烦，这下可以一路好好说说话，真是少有的机会，咱们可是'桃园三结义'啊！"徐一清马上说："去你的，刚开个头此人就高就了，还结义什么呀？"

赵戴文着急地说："你看，我本想咱们好好干一场，可半道是我的生死

朋友阎锡山的帮忙提携，也是为了我的前途，只好忍痛离你们而去，不过我在公署也是同你们一样搞教育工作嘛。"徐一清不满地说："那能是一样的吗？分明是上层阶级，是管理我们的。"

孟步云赶紧接过话茬说："这样也好呀，给我们指导性的意见，有什么动向也有人为我们通风报信，是帮咱的大忙哩，我感到阎锡山为咱们做了件大好事，戴文在公署搞教育工作会为咱们的女校着想的。"

这时站台上的铃声响了，火车开动了。不多时有人扣包厢的门，是火车乘务员例行查票，赵戴文让乘务员沏了三杯茶。乘务员很有礼貌的说："祝你们旅途愉快。"说完关上了包厢门。

赵戴文说："孟兄，你在我们总署里可是挂了号的，梁善济一说什么就拿你举例子，我看要不是你创办的女学这一堆子事，他调你比调我还要快呢，我能感到，他非常赏识你，你应该抽空看望看望人家梁次议长，那才是能帮你们说上话的人呢。"

孟步云连忙点头说："今后少不了麻烦人家，一清咱们回来立马去一趟梁府，咱在北京要选一些礼物，你操点心呵。"徐一清说："没问题，这事你大校长放一百个心，我会张罗此事。"

赵戴文有些神秘地对孟步云说："你知道吗？孙中山先生提出废除帝制，建立民主制政府，提出了纲领、口号，我这次去北京，要去一卜北京的'同盟会'分会，因为他们那里是反帝制的前沿，孙中山先生在那里有重要部署。腐朽的清政府签署不平等《辛丑条约》，出卖中国的大好河山，我们不仅要唤起民众学科学长知识，而且还得有忧国忧民的意识，就如同孙中山先生的一句名言：'做人最大的事情是什么呢？就是要知道怎样爱国。'还有他说：'立志是读书人最重要的事，在国家危难之际，每一位中国人都应以国为重。'并号召我们'同盟会'成员拿起武器同腐朽堕落的清王朝展开斗争。孙中山

先生已在南方各地展开革命起义，其宗旨是'驱除鞑虏，恢复中华，创立民国，平均地权'，这也就是'同盟会'的纲领，同盟会成员都以'同志'相称，我们之间以后就是平等的同志关系。"

"这个称呼我喜欢。"孟步云高兴地插话说。

赵戴文又继续说："我们以后见面问好，不兴抱拳，而改为相互握手，表示问候。"这时外面有叩门声，说："先生们请用餐了，你们是到餐车用餐还是把饭送到包间里？"赵戴文马上说："请送进来吧，三份米饭，一盘酱牛肉，两盘青菜，一瓶白酒。"

不一会儿，餐车送餐员便把饭菜送来了，同时送上账单，赵戴文赶忙付账。孟步云不好意思地说："让你这么一路破费，我们心里过意不去。"赵戴文说："让你别客气你就别客气，我这趟官差的往返路费，吃、住都报销，回时，咱还买包厢车票。"

仨人便开始用餐，孟步云微笑着说："我现在感到真幸福呀，有你们二位同志在身边！我们到北京要购一些书籍，要有思想性的，我听有位叫秋瑾的女士，1903年随丈夫从南方迁居北京，耳闻目睹清王朝的腐败无能，国权沦丧，由此滋生救国济民之意，写下《黄金怀古》的诗篇，讽刺清政府卖官晋爵。她还写了《宝刀歌》，抒发了自己的献身精神。我们可以购些此类书籍。"

赵戴文马上说："这些都是违禁书，哪里能轻易让你购得到，我们可以通过北京'同盟会'的同志们，看他们有什么办法购到一些比较有先进思想的书籍，不过这些可不是用来出售的。"

孟步云说："那是，我们一定小心。"

第十四章　进京购书　逃过关检

大年初九，仨人终于到了北京，马不停蹄地找到北京"同盟会"，与"同盟会"成员接上头后，见到北京"同盟会"教育部长吴德成。他紧紧握住孟步云的手说："久仰，久仰，早听说山西有个孟'举人'，举起向几千年的封建陋习——妇女缠足开战的大旗，早年就在山西祁县成立'天足协会'倡导妇女天足，顶着来自四面八方的嘲笑、刁难、斥责、阻挠，上街演讲，印发传单，甚至深入到各家各户动员家长给女孩子们放足，不但成立了'天足总会'，还在山西省各地成立分会，您真是一个伟大的人！"

孟步云说："哪里，哪里，女子被迫从小缠足不能与男子享有平等做事的权利，毁掉了妇女的一生，实乃是女性的悲哀呀！我也有母亲、妻子、女儿，我非常爱她们，我不为她们鸣不平就是枉作一回人呀！"

吴先生情不自禁地鼓起掌并接着说："说得好！这就是一个伟大的理由。多么震撼人心啊！听说现在由你带头在山西创办的女子学校很有影响力，这又是一个伟大的创举呀！"

孟步云说："我受这二位海外学子的影响极深。"孟步云抬手指着赵戴文和徐一清。

孟步云继续说："他们从日本留学回国，带给我的不仅仅是文化知识，而且有日本明治维新关于妇女与男子平权的先进思想。我们来北京的目的就是要购些具有革命先进思想的书籍，我们在太原要开设个'晋新书局'呢。"

吴先生兴奋地说："你们可找对人了，我这有秋瑾女士创办的《中国女

报》，文字通俗易懂，富有战斗性，她在报上发表《勉女权歌》，你们听着啊，我给你们念念。"

吴先生从柜子里拿出一张《中国女报》朗读了起来："吾辈爱自由，勉励自由一杯酒，男女平权天赋就，岂甘居牛后？愿奋然自拔，一洗以前羞耻垢，苦安作同涛，恢复江山劳素手。旧习最堪羞，女子竟同牛马偶。曙光新放文明侯，独立占头筹。愿奴隶根除，知识学历练就，责任上肩间，国民女杰期无负。"

读声落定，孟步云腾地从椅子上站起来，大声喊道："好歌词呀！秋瑾女士真是女界的旗帜。"

吴先生用一种哀婉的语调说："可叹哪！秋瑾女士在一次起义的前夕被捕，从容就义于绍兴轩亭口。你们看，她在从日本回国前还写过一首七律。"

徐一清拿过报纸来读道：

> 万里乘风去复来，只身东海挟春雷，
>
> 忍看图画移颜色，肯使江山付劫灰！
>
> 浊酒难消忧国泪，救时应使出群才，
>
> 拼将十万头颅血，须把乾坤力挽回。

吴德成说："我们一定要化悲痛为力量，一定要把废除帝制建立民国的大业进行到底。同盟会创办的机关报《民报》，我们可以秘密传播，孙中山先生亲自题写了《发刊词》，他提出'民族、民权、民生'的三民主义，为此，民族革命以更迅猛的脚步前进。孟先生，您那里是基础教育的前沿阵地，在教育学生学习科学知识的同时，也要暗中贯穿一些爱国主义思想，也就是树立志向。孙中山先生不是说吗：'立志是读书人最要紧的一件事！'"

孟步云说："吴先生您说吧，我们应该为配合孙中山先生领导的南方起义而做些什么事情呢？"

吴先生说："最近要开展的广州起义，全国各地的同盟会正在筹备军饷，湖南长沙为配合起义正准备组建一支以学生为主的学生军队，这一切都在秘密进行中。"

孟步云马上说："我们正在创办一个工艺局，虽然我们没有资金，但我已联系到了祁县的乡绅富豪们，把他们手中的闲置银子调动起来，那可是一个不小的力量，我们'晋新工艺局'开办起来后，可以制作起义军制服。"

吴德成高兴地说："是个很好的想法。"

赵戴文说："吴先生请指导我们购一些哪方面的书籍？通过什么渠道？"

吴德成说："关于'同盟会'的一些进步书籍都是违禁的，这块我来负责给你们筹办，你们所要购的是比较进步的，但不具明显政治倾向的一些书籍，这些我可以联系北京'同盟会'在京开办的书局，他们会给你们筹办好的，这也是为了对付官府检查。"

赵戴文马上说："我开了一个山西教育总署的购书公函。"

吴德成说："那最好了，你们能名正言顺地过官检了。记住，'同盟会'的进步书籍一定要妥善安放。"仨人点头。

仨人同吴德成告别出来，赵戴文一看表，快到九点了，便同孟步云和徐一清说："你们俩上街吃个早饭吧，我得马上赶到朝廷府衙里开会了，你们吃完饭就得按吴先生提供的地址把所要购的看一看，然后把书安排妥当。一清，你就购买明晚的火车票吧，北京不比太原，得提前买火车票。"

"行，行，你放心去吧。"赵戴文转身急匆匆地走了。

于是俩人到东来顺吃了早点，便匆匆按地址去看了看所要购的书籍，然后把选择的书安排妥当，把购书款付了，才回到旅馆。这时赵戴文也开完会回来了。

徐一清调侃地问到："开了个什么高级会呀？"

赵戴文说:"嗨!就是废除科举考试制度后,各省的一些教育安排。维新派主张学习新学,但守旧派反对。我把山西的女学教育在会上按照梁善济的部署做了陈述,从中提到您孟步云的先进教学方法,得到总长的好评,建议各地也开展女学教育。说到拨款问题,答应继续给女校每年拨款三千元。"

孟步云马上说:"太好了,这都是人家梁次议长的功劳呀。一清,给你银票,快购些礼物,咱回太原一定拜访梁次议长。"徐一清便拿上银票出了门。

第二天一大早,北京"同盟会"会员们就协助他们三人为选购的书籍订做了三只大木箱子,吴部长送来的先进革命书籍和报纸放在木箱的中部,以防在官检时被查出。整整忙了一个上午,才把三大箱书安放好。

吴部长说:"到下午3点雇车把三只大箱子拉到火车站,我负责给你们办理托运手续,在火车站我有熟人。现在吗应该照料身体了。"于是几人一起去吃饭。

下午3点来到火车站,在官检处,赵戴文拿出公函,官检备了案,差人检查三只大箱子书籍,检查人正是吴部长的熟人,所以只是从上面拿出一本看了看说:"哇!都是教育书籍,钉上吧。"于是差人几榔头钉住了三只大木箱,拉到托运处了。

时间已到了下午5点,吴部长说:"必须把你们送到火车上,我才放心。"三人上了火车,火车开动后,同吴部长挥手告别。

第十五章　开设书局　发展会员

位于上马街西口往南十多米坐东朝西的一排平房，已布置的井然有序了，这就是即将要开张的"晋新书局"。三个书架上摆满了书，两张大桌子上铺有白底绿条格的布单，上面还有一小盆开着的黄色的海棠花，配上淡黄色的木椅，显得非常温馨、明快。两个木柜台用玻璃镶成，里面也摆满了各种书籍，并且有标签，上面用秀丽的字体写着书籍的分类名。

孟步云和徐一清为女校开学的事忙碌，一直没有顾得上来书局整理从北京购回的书籍。今天过来一看让二人很感意外，这窗明几净、安排合理的布置，是在做梦吗？

回过神的孟步云忙抬头往里间的那屋子望去，因为那间屋子意味着今后要从事"同盟会"的地下工作，在他心目中占有重要分量。

此时门上挂着的半节白底绿条格花布单被撩开了，出来一对长得很秀气的女子，徐一清马上上前问道："你们是赵戴文的表妹吧，让我猜一猜啊，哪个是高蕊蕊，哪个是高婷婷。"

徐一清手指其中一个姑娘说："你是高蕊蕊，她是高婷婷。"两个姑娘一抿嘴乐了，说："正好相反。"徐一清不解地说："可我看过你们的照片呀，你们表哥指给我看的，怎么就错了呢？"

站在一旁的孟步云说："行了，你也别不理解了，一模一样，我也分不出来。我问一下，这些都是你们俩布置的吗？"

婷婷说："是啊，我们在这已经呆了两天了，整理得怎么样？"

　　孟步云说："非常好，你们喜欢这里吗？"

　　蕊蕊说："这些书都非常好，具有时代先进性，没有迂腐的味道，还有一些，表哥不让我们拿出，他锁在里屋的柜子里了。说'以后再看吧'，不知为什么。"婷婷抢着说："还有一些报纸，他也锁起来了。"

　　孟步云有意岔开话说："嗯，我想问一下，从祁县来的那位账房先生和伙计呢？"

　　婷婷说："他俩出去吃饭了，吃完饭后再给我们把饭带回来。"

　　孟步云说："你们能吃得了这苦吗？"

　　蕊蕊说："这有什么呀，总比在家里呆着好，我们喜欢书……"

　　孟步云说："啊？让你们来是工作的。"

　　蕊蕊说："知道，表哥同我们谈了。"

　　这时，赵戴文从外面进来说："孟兄，怎么样？我们什么时候开张，得来个剪彩仪式吧。"

　　孟步云说："不要搞得那么张扬，挑个吉日，放串鞭炮，把咱的牌匾这么一挂，戴文你说呢？"

　　徐一清忙问："孟校长，那位祁县富商合作人乔映霞呢？"

　　孟步云说："开业的时候他一定来。"

　　高婷婷抢着说："账房先生和小伙计回来了。"

　　孟步云一看，乔映霞给派的账房先生原来是自己在祁县教书时的学生王宝柱，孟步云惊奇而高兴地说："乔大爷派你来这儿，太好了。"因为这样一来，不仅"晋新书局"有固定的人来打理，而且也是非常信任的自己人，以后"同盟会"的一切工作就可以顺利进行。

　　赵戴文说："孟兄，忙了一上午肚子都咕咕叫了，咱吃饭去吧。"

　　孟步云说："走，就到我们祁县会馆吃饭去，尝尝俺们祁县饭的味道，

没有和大厨打招呼，人家今天中午做了什么饭，咱就吃什么饭，咋样？"

仨人出了书局，赵戴文边走边说："好啊，我也尝尝你们祁县大厨的手艺。我这两个表妹，你也见到了，怎样？"

徐一清抢着说："这不是为'晋新书局'安排了两枝鲜花嘛……"徐一清说完感到自己说的不合适忙道歉："戴文，我说话你可别介意啊。"

赵戴文说："都多大了，还改不了你这爱调侃的老毛病。"

孟步云说："可以吧，这都是自己人，便于'同盟会'工作的开展。"

仨人来到"祁县留省学生会馆"，一进大门就被一阵阵饭香所吸引。孟步云冲着厨房说："王婶，张师傅今天给咱们做的什么饭？"

王婶从厨房出来说："哎呀，孟校长可不要同孩子们一起叫俺王婶，叫俺名字就行了。今天吃的是'素鱼儿'。呀！来客人了，是不是要炒两个菜？"

徐一清说："王婶，不用，我们和学生吃的一样就行。"

仨人一起进了正房，孟步云从农林学堂宿舍搬出，暂住此处。屋内非常简陋，没有什么的摆设，只有一个方桌和三个长条凳子，里屋有一张大炕，上面有一个小炕桌，靠墙有一个书架，上面摆满了孟步云常用的一些书。

赵戴文环顾四周说："堂堂大校长也太简单了吧。"

孟步云说："够用了，没必要搞那么繁琐，二位快请坐，陋室也犹然自在，以后再说。"

王婶用托盘端着三大碗面食，放在桌上，把筷子架在碗上说："吃吧，尝尝俺祁县的'素鱼儿'。"

赵戴文拿起筷子，看到碗里的面，形如一个个小鱼，圆圆的头，还有一个小尾巴。紧接着，厨师张师傅端来一个瓷罐和一大盘菜码，盘里有焯熟的红萝卜丝、豆皮丝、白菜丝和菠菜、香菜。

张师傅说："这瓷罐里是俺做的'素哨子'，自己根据自己的口味轻重来

调。"说完把一只长勺子放进瓷罐。

徐一清对赵戴文说："我已经吃过人家祁县的饭食了，很有味道，咱今天尝尝这'素鱼儿'。"他在瓷罐上闻了一下说："哇！地道山西素哨子味。"

赵戴文问："什么叫哨子？"徐一清说："就是拿各种调料做的调和，你尝尝别有风味。"他给戴文在面上舀了三勺素哨子说："尝一尝，合适不。"

戴文拿起筷子拌了拌面鱼儿，很清爽，一点不粘，吃了一口，品了品，脸上露出笑容说："很好吃，小鱼儿面在嘴里很有弹性，又很清爽，这个素哨子是酸辣口味的，很独特。"孟步云说："就上菜吃。"

赵戴文又夹上各种菜吃，各种菜的香味充满了他的口腔，他嚼碎吞下后马上说："噢，这是淡菜，这样的吃法很好哟，面食具有浓烈的酸辣咸味道，吃几口后，再吃口淡菜，把味道冲淡一下，哇！这种吃法，很有创意。南方人是淡米，菜有味道，而祁县人是把主食搞得很有味道，而淡菜不乏它本身的香味，尽情展现各自的优势，真有创意呀！祁县人做生意有一套，你看人家吃家常饭也有一套。孟兄，我可要吃两碗呵。"

孟步云说："没问题，他们一准儿等你快吃完时，就又端来一碗给你，如果你不吃了，他们会再端走。"这时王婶又端着三碗面进来了，三人又浇上哨子吃了起来。

赵戴文满足地说："比在饭店里吃一桌酒席都过瘾，你瞧我都冒汗了，这个酸酸辣辣的味道，让人欲罢不能，明明肚子饱了，可还想吃。"

孟步云笑着说："我们家乡的'素鱼儿'就是好吃，往后多来我们祁县会馆，我给张师傅、王婶再配个小工。"

赵戴文说："噢，对了，那个王宝柱可靠不可靠？"

"可靠，怎么了？"孟步云疑惑地问。

赵戴文说："可以把他发展为'同盟会'成员，以后负责联络'同盟会'

事宜。我这两天观察了他一下，此人表面比较憨，可内秀，干事也很认真，他对你特别尊敬，当我和他一谈到孟校长时，他总是赞不绝口，说小时家里非常穷，是你收留了他，并送粮食给他家，使一家老小平安度过了荒年。"

孟步云说："好吧，我同他好好谈谈。"

当天晚上孟步云约王宝柱来家里做客，当孟步云说到宝柱的好时，他马上摆手说："俺能有今天的成绩是与老师您分不开的，您那时教俺做事先做人。对人要诚实、仁义，俺随时都在检点自己，是不是按照老师您的教导去做，随时提醒自己做人的原则。俺还记得老师您的一句话：'人要是有了正确的做人处事原则，那你做起什么事来都会有好的结果。'这句话俺牢记在心，这些年来也是这样做的。"

说着给孟步云深深鞠了一躬。孟步云马上摆手说："宝柱，我今天找你来是想同你说一件重要的事。"

"老师您说。"宝柱显得很惶恐。

"你以后就是咱'晋新书局'的大掌柜兼账房先生，你看行吗？"

"老师您引导俺走什么样的路，俺都会矢志不移。"

"那好，经我们商量想发展你为'同盟会'会员，因为书局以后就是'同盟会'的联络点，你就是负责上传下达的联络人。"

"俺能胜任吗？"

"我看行，事在人为嘛，因为'晋新书局'里面有一多半都是比较进步的书籍，特别是一些'同盟会'的报纸和一些小册子，你一定要保管好。"

"还有，书局准备开设个借阅室，在此一定把握好分寸，要让广大民众接受到进步思想的同时，又不惹出任何麻烦，这就需要你全身心的投入。你回去好好看看从北京购回的那些书，能增加你不少知识。另外那两姐妹，往后你得好好照顾，你们将一起工作，共同干好'晋新书局'的一切工作。"

【晋学文化之旗帜人物】

第十六章　阅读《民报》　充满斗志

2月28日"晋新书局"正式开业。时间安排在中午十二点。赵戴文、孟步云和徐一清一大早来到书局，乔映霞、张会长和渠本翘也早早从祁县赶来。

赵戴文抱拳说："久闻大名，祁县的大巨商们现身在这'晋新书局'，真是蓬荜生辉，孟步云的朋友，也就是我们的朋友了，来，各位快请坐，虽然我们这里简陋些，但将来这里是办大事的地方，它紧密联系着国家的命运。"

赵戴文转身把门关好，压低声音说，"你们的入会简历我都看过了，了解到各位仁兄都是不凡之人，更是做大事的带头人，让我真是敬佩之致。"徐一清打着手势继续说："这以后就是我们'同盟会'的联络点了，现在请我们'同盟会'的教育部长孟步云先生讲话。"

孟步云站起来："今天我们'晋新书局'开业，也就是我们太原'同盟会'会分的教育部正式成立，我们要响应孙中山先生的号召'驱除鞑虏，恢复中华，创立民国，平均地权'，听从'同盟会'总部的指示，为革除帝制，创建中华民国做好一切准备。"

赵戴文也站起庄严地说："现在我代表'同盟会'总部宣布：乔映霞、渠本翘、张文俊三位同志的入盟申请已批准，你们看看入盟宣言，然后，我们举行誓言仪式。"

三人点头示意，他们看完宣言书，于是，孟步云让他们举起右手握紧拳头宣誓。三人把誓词念了一遍，赵戴文、孟步云同徐一清紧紧握住他们仨的手说："从今天起你们就是'同盟会'的成员了，一切听从组织安排，能服

从吗?"仨人齐说:"能,组织安排俺们为'同盟会'做什么,俺们会竭尽全力的。"赵戴文、孟步云和徐一清会意地点点头。

赵戴文低头看手表说:"各位,我得去火车站接位北京来的同志,不能一同剪彩了。"赵戴文说完同大家挥挥手便匆匆离去。

剪彩时辰快到了,社会各界人士前来祝贺,送上花篮。孟步云他们都一一抱拳还礼。十二点正时,孟步云、乔映霞、徐一清一起剪了彩,并把"晋新书局"大门上的红绸布拉下,露出孟步云亲笔提写的黑底金字"晋新书局"四个大字,非常耀眼,前来祝贺的人们一起拍手表示祝贺。

此时响起祝贺的鞭炮。事后客人们到文瀛酒楼吃酒席,席间徐一清宣布:"书局所购进的书是很有时代感的,为推广白话文,所以购进的白话书籍比较多,适合民众阅读。并且书局推出一项前所未有的经营项目:可以借阅。"

有人喊:"去书局看书,不用把书买回家,省钱、省地方,你们这一经营项目,不会亏本吗?那我们以后就是常客了,你们欢迎吗?"

徐一清说:"欢迎,欢迎,我们回去多备几把椅子,不会怠慢了书友们。我们还要陆续购进一些报纸,以供大家了解时局,了解社会上发生的大事——关系到民众切身利益的大事。国家的安危,也就是我们民众的安危。"

此时有人从门口匆匆进来,抄一口北京口音喊:"您说得太对了!当今朝廷视民众利益而不顾,和八国列强签下丧权辱国的《辛丑条约》,把我们广大民众推向水深火热之中,我们内地的黎民百姓由于消息不太灵通,了解不到当今的各国列强正在瓜分我们的国土……"

孟步云马上拉住赵戴文低声说:"他是谁?就是你接来的同志吗?一定要保护好他的安全。"

赵戴文说:"他就是北京'同盟会'的成员,我刚才从火车站接的就是他,今天他为我们送来一部分报纸,还传达上级的指示,我一会儿就送他上

火车了。你放心吧，有我在，他会安全的。我可没想到他会发表如此激进的言论，也好，我们山西也该行动起来了，紧随全国各地的反帝浪潮。"

此时，全场马上就都在热议起时局了。赵戴文把北京来的"同盟会"成员小张领到了另一个包间里和孟步云见了面，小张把"同盟会"的指示交给了孟步云后，赵戴文便领着小张坐人力车直奔火车站，孟步云望着他们离去的背影，心里热血沸腾，不由得说道：好一个有冲劲的年轻人。

孟步云、徐一清来到学校办公室坐定，孟步云把北京"同盟会"员给的几份报纸打开看，是"同盟会"创办的机关报——《民报》。上面载有1907年5月22日的一件大事：余纪成聚集七百余人誓师起义。陈涌波为前锋，由北门攻入，围攻都司衙门，当夜忽降大雨，义勇军为旧式鸟枪，弹药尽湿，陈涌波便改为火攻，在熊熊烈焰中，陈涌波叱咤冲突，血战一夜，攻克黄冈都司衙门，生擒都司隆启等。次日，在旧都司衙门成立军政府，陈涌波、余纪成为正副司令，当即制作了一面大红门旗，上书"大元帅孙"，还制作有多面旗帜，上书"驱逐满虏"，同时以"广东国民军大都督孙"的名义发布文告，宣称"为官府苛税，民甚难堪，专须除暴安良……"并颁布纪律十余款。下面还有孙中山先生的评价："黄冈起义是为创建中华民国最光荣灿烂的开篇。"同时号召各省"同盟会"要拿起武器一同向旧的封建势力展开斗争……

孟步云和徐一清读了这份《民报》，心中激起千层浪。徐一清说："南方的义勇军将士们浴血奋战，把自己的生命都置于生死之外，我们这身居内陆的大后方，虽没有英勇杀敌的战场，但我们可以支援前方的将士们。"

"对！我们一定要做出实际行动，来响应孙中山先生发起的革除帝制的号召。"孟步云坚定地说。又递给徐一清第二张报纸说："你看这第二张报纸，是登载了1907年6月2日由邓子瑜等在惠州领导的七女湖起义，这是南方的第四次起义。你再看第三张报纸，是1907年7月6日'光复会'的徐锡麟等

在安庆起义，枪杀了安徽巡抚恩铭。"

徐一清把报纸从孟步云手中接过，继续往下看说："校长你看见了没有，秋瑾女士在 1907 年 7 月 13 日在浙江绍兴为响应徐锡麟而准备起义时，由于叛徒告密被捕，于 15 日就义于轩亭口。"孟步云把木椅的扶手捏着直响，嘴里愤怒骂道："这个狗叛徒，他以后不得好死，该千刀万剐。"

第四张民报上面刊登的是孙中山先生领导的第五次革命起义：1907 年 9 月 1 日，王和顺在广西钦州玉光山起义，进军途中加入义勇军三、四千人，历经半个月，因饷械不足而失败。徐一清看到这里感到有些沮丧，用他那有力的大手，狠狠地拍了一下桌子，把桌上的茶杯都震到了地下，碎了。

孟步云说："是啊，推翻一个王朝，需要有多少人付出生命的代价呀！"

徐一清把碎了的茶杯扔到了门背后说："应该在起义之前就想到，时间一长必须要有后方供给跟上。"

孟步云打开最后一份报纸，上面刊登的是孙中山领导的第六次革命起义，12 月 1 日黄明堂率部攻战镇南关，坚持数月后，由于寡不敌众，不得已部队撤出了镇南关。在刊文的下面，是孙中山先生的誓言："吾志所向，一往无前，百折不挠，愈挫愈奋，再接再厉。"号召全国各地的"同盟会"成员："革命尚未成功，同志仍须努力。"

孙中山先生还在报纸的末端写到："做人最人的事情是什么呢？就是要知道怎样去爱国，爱人民，当我们的国家处在水深火热之中时，黎民百姓深受半殖民地半封建制度的压迫，而我们为我们的国家和人民牺牲，那是光荣而伟大的，我要为我所选择的革命事业奋斗终生……"

这些话像黎明前的曙光，把孟步云和徐一清刚才那种沮丧的情绪一扫而空，心中顿时充满了斗志，更加深了对孙中山先生提出的口号"驱除鞑虏，恢复中华，创立民国，平均地权"的了解。

第十七章　遵照指示　改进军服

1909 年 9 月,从日本东京陆军士官学校毕业回省的温寿泉、阎锡山、姚以价、黄国梁等人回到太原,他们马上受到清廷的重视,受聘于清廷山西省署。温寿泉任山西大学堂兵学教习,阎锡山任陆军小学堂教官,还在山西的军事机构督练公所任督练员。

11 月份,清廷陆军部召集在日本留学归国的士官们在北京会试,温寿泉、阎锡山列优等,被赏给炮兵科举人,授予副军校军衔。姚以价、黄国梁等十一人名列上等,被分别赏给步兵、马兵、辎重兵科举人,并被授予协(旅)军校的军衔。不久黄国梁被任命为陆军第三十二协(旅)八十五标标统。阎锡山被任命为驻扎在太原的八十六标标统。姚以价为八十六标第三营管带。

这一任命非同小可,太原一旅之众的两个标均由"同盟会"会员所掌握,也就为革命党人掌握军队和武装起义具备了基本的条件。

赵戴文见到久别的阎锡山非常高兴。因为一大批搞军事的"同盟会"会员正在成为太原武装起义的中流砥柱,要比文人搞革命来得更直接。赵戴文更深深地懂得孙中山先生所说的"爱国志士应认清腐败清朝统治是亡国之根,所以,革命应以推翻清政府统治为目标"。就是要拿起武器,推翻这腐败没落清朝政府的皇权独裁统治。

这批在日本陆军士官学校学成毕业回国的中国留学生们,他们不仅学到了西方军事科技化的知识学问,而且还接受了孙中山先生创建的"同盟会"

总部的任务——派遣回国秘密开展革命活动、建立革命根据地。他们从东京分别回国，分赴中国的十七个省份，依照孙中山先生制订的如下革命总方略行事：

1. 因南方交通便利，距北京远，清政府控制较弱，革命应由这里发动。

2. 当革命势力发展到武汉时，北方山西、陕西等地立即响应。

3. 把争取国内陆军各校学生及发动清朝新军转向革命者作为活动的中心。

为了贯彻孙中山先生所制订的方略，"同盟会"山西分会秘密成立武装部，由阎锡山担任部长，又介绍歪嗣昌、常樾、张煌等一些军事人才加入。这样，山西这块赵戴文及革命党人早已播下革命火种的土壤中，又输进了浓浓的武装革命的"鲜红血液"。

由此一来，山西革命党人的反清斗争日渐高涨，晋北有续桐溪等，晋南有景定成、何澄等准备密谋举事；由赵戴文发展入"同盟会"的王建基、南桂馨、赵三成等在二州（忻州、代州）、五台（五台、定襄、崞县、静乐、繁峙）建立秘密革命根据地，等候响应武装起义。赵戴文感到大同一带，从归绥到西部，清廷鞭长莫及是个空子，也应该派人到那里招兵买马建立秘密革命根据地，以便响应太原举事，出奇兵直捣北京。

早时从日本回国的山西神池县人谷思慎和丁致中，创办了省立宁武第五中学，已初具规模。组织学生与天主教会作煤税斗争，取得了胜利。

在东京，同盟会总会以《民报》作为革命党人的宣传武器，大造革命舆论。宋教仁等在"政闻社"成立大会上，对以梁启超为首的"立宪派"进行了尖锐的抨击，更使"同盟会"威信大增，中国留日学生入会者日益增多。

赵戴文在太原城里发展了"同盟会"教育部部长孟步云先生，又发展了祁县富商渠本翘、乔映霞、马聚奎等等，为支持孙中山先生的"推翻皇权，

创建民国"的革命运动，1908年在太原南肖墙东口创办"晋新工艺局"，并多次遵照"同盟会"总部的指示，为南方各省起义军义务提供军服。

1908年4月的口河起义，为起义军购回的枪械没有配备装子弹的弹夹，子弹需要装在口袋里，可当时的军服只有一只口袋，口河起义因弹尽粮缺，最终失败。"同盟会"总部最初提供的起义军军服上衣只有一只口袋，到逐渐改为四只口袋；由口袋没有袋盖，到四只口袋都有了袋盖，都是起义军战时所需。

是啊！曾记否？1907年5月的潮州黄冈起义，义勇军们的枪都为旧式鸟枪，起义时突降大雨，弹药尽湿，子弹都打不出去，影响了起义的进程，陈诵波只好改为火攻……

"同盟会"总部及时反馈口袋少的问题，赵戴文、孟步云马上和军服技师们制定出军服款式方案，"晋新工艺局"对改制军服的款式进行实用性的调整，为多装子弹、干粮，在军服上衣设置了四只口袋。

可在1908年钦州、廉州起义失败后，起义军战士们反馈的意见是：起义军在行军跑步打仗时，口袋中的子弹和干粮很容易掉出。于是工艺局又为军服上衣的四只口袋装上了袋盖。

就这样，一次次地为战时所需，而一次次地改进军服的款式。可以说，起义军军服款式的确立是凝结前线起义军战士们的不怕牺牲，为信仰浴血奋战的经验所得。

同时也反映出，山西太原的"同盟会"组织早期在赵戴文的领导下，为实现孙中山先生的"驱除鞑虏，恢复中华，创立民国，平均地权"的革命纲领，而做出了积极努力。

后来孙中山先生看到了山西太原"晋新工艺局"为起义军战士提供的通过多次改进的军服，他着装后，着实感到得体也非常庄重美观，于是便确立

这种有四只口袋并有袋盖的起义军军服为"同盟会"总部的机关服,人们便把这种军服称之为"中山装"。

阎锡山很是佩服好友赵戴文在回国短短两年的时间里,竟干出如此多的事情,为今后山西革命起义乃至南方的革命起义奠定了扎实的基础。他见到赵戴文后高高竖起大拇指说:"们以为夫子永远只能做先生呢,没想到夫子的所作所为很让们吃惊呀!"

赵戴文马上紧紧握住阎锡山的手说:"哪里,哪里,以后扛大旗的是你老弟,们最多也就是敲边鼓之人。"

阎锡山毫不客气地说:"夫子所言极是。你不看咱中国古代将军带兵打仗吗?在冲锋时就是听着鼓点陷阵呢。们可是以后就要听着先生您的鼓点子冲锋陷阵喽。"

赵戴文被阎锡山那当仁不让的气势所震撼了,忙说:"你这比喻可大相径庭啊,我有自知之明,实不敢当,恐有对大鹏折翅之嫌呢。"

阎锡山马上说:"你这个老夫子,别拿学问拽们了。老实同你说吧,先生如同们的中流砥柱,没有你,们呀会乱了阵脚,还不敢扛这革命起义的'大旗'呢!"

第十八章　扫清障碍　筹划起义

　　时至 1910 年，赵戴文与阎锡山在山西已经分别在文武两条战线上取得了举足轻重的地位。赵戴文被山西教育总署任命为晋阳中学斋务长，同时还留任教育公署之职，负责管理太原署地教育统筹全面规划工作。

　　43 岁的赵戴文在山西教育战线上可谓是新生代的领军人物了。而且最不能忽视的是由他亲自介绍加入"同盟会"组织的一批同志如孟步云、王建屏、杨沛霖、李嵩山、张树帜，都在文化教育战线上发挥着不可替代的关键作用。

　　而阎锡山担任山西新军第八十六标标统，是山西"同盟会"成员中军职最高者。在这风生水起、变幻莫测的时代，赵戴文、阎锡山两人常秘密招集"同盟会"成员骨干研究举义之事，多次暗中相商，交换意见，商量对策。

　　赵戴文这几年秘密开展革命活动，已引起清政府当局的注意，尤其是引起山西巡抚丁宝铨及其亲信督练公署教练处帮办夏学津的注意。赵戴文的一些活动曾被夏学津偶尔撞到，他极端仇视革命，经常派人侦察"同盟会"的活动，伺机想抓什么把柄。"同盟会"也把丁宝铨、夏学津视为革命之最大的威胁，认为不设法除之，则有被他们置于死地的危险。

　　于是，在赵戴文、阎锡山、南桂馨等策划下，让活动能力强、善舞文墨、机智勇敢的会员张树帜、蒋虎臣（二人为《晋阳公报》访员）收集丁宝铨、夏学津在官场上仗势欺人、尔虞我诈、弄虚作假等等劣迹进行大力宣传。甚至还收集到了丁宝铨私通夏学津小妾之丑闻。

《晋阳公报》专门开通醒目专栏，最大限度地渲染、夸张此事，并连续登载。一时间，太原城上上下下满城风雨，各大报纸是不会放过这一爆炸性的花边新闻，随之也添枝加叶地连续登载、转载。后来传出丁宝铨、夏学津二人也掐起来了，两家打得不可开交。甚至轰动了全国，惊扰了朝廷。

如同"一石激起千层浪"，人们的视线都集中到了丁宝铨、夏学津二人的身上。此事成为太原城内人们茶余饭后的谈资了。赵戴文给在朝廷任职的"同盟会"会员狄楼海秘密传话，呼吁御史胡思必上书弹劾丁宝铨、夏学津二人，抑其嚣张气焰。朝廷一怒之下，把丁宝铨、夏学津撤职调离了山西省。这让"同盟会"的同志们一解心头之恨。

赵戴文、阎锡山通力合作，扫清了前进道路上的障碍。阎锡山在秘密的庆功会上宣布："们是山西"同盟会"武装部长，们要响应南方义勇军，发动武装起义，咱山西现在的实力不亚于任何一个省份的力量。赵戴文先生及其众多同志，做了大量发动武装起义的前期准备工作，们可以说有十拿九稳的把握，同志们，大家说说是不是咱山西'同盟会'也该逞回'英雄'啦？"

大家被阎锡山的豪言壮语所打动，激发了斗志，纷纷摩拳擦掌地要求阎部长给自己安排任务，都有同清廷腐败政府一战到底的决心。

阎锡山走到赵戴文面前说："就请老哥尽快联络晋新工艺局的孟步云校长为咱山西的武装革命起义制作军服，暂定800套吧，资金们来筹，咋说？"

赵戴文忙说："资金不成问题，因为晋新工艺局另外两个股东祁县富商渠本翘、张文俊都是咱'同盟会'会员，他们一直为南方武装革命起义义务提供军服哩。"

阎锡山面向大家说："众人拾柴火焰高，咱们大家都拿出一些钱财，不就都有了，咱们应该承担一些。先生呀，这件重要的事情，可就由你全权负责啦！们知道，先生一向办事认真，交给你，们一百个放心。"

第十九章　占领武昌　影响全国

在 1911 年 3 月底，太原"晋新工艺局"在赵戴文、孟步云的安排领导下，为"同盟会"总部制作的起义军军服全部完工，秘密运往南方，并及时安排制作太原武装起义军军服。"同盟会"总部此时掀起的剪辫子运动，各地"同盟会"分会都在积极响应，在大街上谁要是还留着辫子都感觉很刺眼了。清政府惶惶不可终日。

5 月初，南方传来了不好的消息，4 月 27 日黄兴率部在广州起义，但当日就失败了，牺牲 86 人。这是孙中山领导的第十次南方起义，潘达微冒着生命危险为烈士们收尸，最后只收得烈士遗骸 72 具，葬于黄花岗，立了一个碑，上刻：黄花岗 72 烈士墓。

1911 年 5 月，清政府在帝国主义面前唯命是从，将从国人手中夺得的铁路国有权拱手献给帝国主义，引起全国人民的愤怒。与铁路国有直接相关的湖北、湖南、广东、四川等省人民强烈反对出卖路权，掀起了轰轰烈烈的保路运动。四川保路运动尤为波澜壮阔。到了 9 月，保路风潮扩展为全省的抗粮抗捐，群众暴动接连发生。四川总督赵尔丰在成都逮捕保路"同志会"成员和川路股东会的负责人，并枪杀了请愿群众数十名，造成流血惨案。

四川"同盟会"武装部长龙鸣剑等率领"同盟会"成员和"哥老会"组成保路同志军，进驻成都，转战各地，攻城夺地，动摇着清政府在四川的统治。四川保路运动成为辛亥革命的导火线。

在清政府全力应付四川保路运动的时候，湖北新军中的"文学社"、"共

进会"等革命团体，在孙中山先生的领导下，乘势发动武昌起义，革命党人原计划在农历八月十五中秋节（10月6日）武装起义，因机密外泄，领导人彭楚藩、刘老澄被捕。由于形势瞬息变化，起义推迟到10月9日（八月十八日）。但在预定起义的10月9日，"共进会"负责人孙武在汉口装配炸弹时不慎爆炸，湖广总督下令闭城搜查，汉口和武昌的起义指挥机关遭到破坏，一些起义领导人被捕、被杀或避匿。在这种情况下，新军各标营中革命士兵开始主动行动。

10月10日晚刘军的工程兵第八营革命党人打响了起义军的第一枪。革命军临时推举队官吴兆麟为总指挥，配合步、炮、锱重各营和军事学堂学生约五营之众，血战通宵迅速占领了总督衙门等重要机关和武昌城，取得首义成功。11日晚至12日晨，汉口的新军先后起义，被称为"九省通衢"的武汉镇，完全被革命党人所控制。

武昌城外塘角的锱重营和城内工程第八营几乎同时发动，各标营继起，经一夜苦战，11日晨革命军占领总督署，全城光复。汉阳、汉口也先后为革命军占领。11日，起义士兵聚集到湖北咨议局，在咨议局议长汤化龙等人的参与下，宣布成立中华民国湖北军政府。革命党的领袖们未亲身参加起义，缺乏政治经验的起义士兵对自己掌握政权没有信心，清湖北新军协统黎元洪在革命士兵的枪口逼迫下任湖北军政府都督。军政府发布文电，号召各省为推翻清朝建立民国而奋斗。

武昌革命起义是国内阶级矛盾尖锐化和人民反抗怒潮不断高涨的必然产物，也是清政府腐败，民怨沸腾，朝廷对外屈膝求和，国格丧尽的必然结果。

武昌革命起义在全国范围内产生了巨大影响，推动资产阶级领导下民主革命运动迅猛发展，散布在各个地区的革命党人纷纷响应，发动新军和各会党起义，广大群众到处掀起自发的反抗斗争。革命浪潮激荡全国。

第二十章　响应义军　光复太原

武昌起义的胜利，在全国得到了连锁反应，各省革命党人纷纷行动起来。山西"同盟会"武装部积极响应。阎锡山、赵戴文多次到驻扎在狄村的新军军营，秘密搞宣传工作，孟步云及时把起义军军服送到。以阎锡山为首的山西"同盟会"武装革命起义是箭在弦上之势。由于形势的急剧变化，起义提前，于1911年10月29日光复太原。

武昌起义成功后，山西当局新任巡抚陆钟琦非常惊恐，立即想调驻防外地的两个旅约四千人回省城，防守巡抚衙门、弹药库等要害部门。让他不放心的是八十五标（俗称一标）和八十六标（俗称二标），于是陆钟琦便亲自下令：一个调往蒲州，一个调往代州。在这千钧一发的关键时候，阎锡山、温寿泉、赵戴文等秘密商议作出对策，两个主张：一是绝不离开太原，一离开太原力量即被分散；二是离开太原必须要把弹药领下。

在10月28日温寿泉帅一标领到弹药后，为蔽耳目，便带领一标向南出发，到夜间便又返回太原。阎锡山的二标领上了四万发弹药后，天色已晚，便称在10月29日晨开拔。

就在10月28日（农历九月初七）晚上，"同盟会"成员张树帜前往85标驻地狄村的军营，会见了一营见习军官高冠南和班长王泽山，向他们传达了"同盟会"武装部的起义计划，并动员了30余名士兵盟誓，决心一致行动。随后又动员督队官苗文华、叶夏元、王灵泉等一起到二营，与杨彭龄、张煌商量决定具体部署。大家共推二营管带姚以价为起义军司令，负责统一

指挥，由杨彭龄带领 80 人组成先锋队，由张煌带领 60 人组成奋勇队，由马孔清带领 10 人组成侦察队。

在 10 月 29 日凌晨 3 时，太原起义正式开始。司令姚以价出发前在狄村大操场进行了慷慨激昂的誓师讲话："……要救我们中国，非先推翻清朝不可，我宁愿拼个死活，也不愿当亡国奴。"两营官兵高喊："愿拼死! 愿意服从大人命令!"姚以价随即宣布起义，颁发军令：一、不服从命令者斩；二、不直前力战者斩；三、扰害百姓者斩；四、无故伤人者斩。随后，起义军便整队出发，时为 10 月 29 日凌晨 4 时。同时，姚以价又派人去菜园村联络炮兵一同起义。太原武装起义爆发了。

起义部队急行军抵达新南门 (首义门) 时，天尚未明，便先伏在城壕隐蔽。不久，预先约好的清道队队长杨沛霖和巡缉队排长李成林在城内接应，起义军一拥而入。杨彭龄带领 80 名先锋队员直冲在前，张煌的奋勇队紧随其后，起义军经海子边、桥头街、柳巷、北司街直奔巡抚署衙。他们用石条砸开大门，杀死守门卫士，开始四处搜索，枪杀了巡抚陆钟琦，击毙了陆钟琦的儿子陆光熙。当张煌率众搜查完毕走出巡抚衙门往东时，迎面碰上清军协统谭振德，当场将谭击毙。

与此同时，苗文华率领一营攻打旗兵和满族人集中的新满洲城，杨沛霖的清道队也一同参战。满洲城的旗兵们拼死抵抗，苗文华部队攻城受阻。正当部队子弹缺乏之时，杨彭龄、张煌等人已攻下巡抚署衙赶来增援，张煌派人至东夹巷天主教医院找到姚以价，让炮兵营速来增援。炮兵将炮位设在小五台附近的城墙上，居高临下，向满洲城开炮轰炸，不多时，太原满洲城守尉使增禧便竖起白旗，缴械投降。

太原起义从拂晓 5 时开始，经过 3 个小时激战，突袭新南门、夺取巡抚署、炮轰满洲城、攻占军装局和子弹库，一切均达到了预期的目标，起义成

功了。领导起义的人员召开紧急会议，推举阎锡山为山西军政府都督、温寿泉为副都督，成立了山西军政府。军政府出榜安民，赵戴文亲拟发表起义宣言通电全国，并以饱满的革命激情撰写讨清檄文："……春雷动地，千年之醉梦惊回；旭日当空，万里之妖氛尽光……"

历史的发展是一个缓慢的过程,剧变却往往发生在眨眼之间。一夜的"暴风骤雨"，山西省城太原一切都变了，此时的城区，已被新的军政府所管辖，不时有鞭炮声，大街墙壁上随时都能看见标语口号。陆军小学堂的三十名陆军测绘学生正在面临毕业，于是集体参加了起义军，年轻的男学生们马上编入了姚以价所领导的军营，进一步学习射击、投弹及军队方面的一些知识，大力宣传孙中山先生的口号"革除帝制，建立民国"，增加了起义军的实力。

在扩大了起义军队伍后，山西义军赴石家庄与第六镇的起义官兵共同截断了京汉铁路，扣留了清政府运往武汉前线的军用物资。太原的辛亥革命起义，把周边的几个省份全调动起来了，全国各地都爆发了起义，在一片大好形势下，"同盟会"总部的机关报《民报》向全国公开发行，市民们踊跃购买和订阅，从以前的地下传阅改为了公开传播，首先就是报道辛亥革命起义的胜利消息。《民报》报道了一小段当时的情景：……总督府已乱成一团，总督瑞徵已失去往日的威风，急得像热锅上的蚂蚁，团团乱转。这时几名总督府的特别警察匆匆跑到瑞徵面前说："大帅，后墙上我们给打了个洞，快逃吧。"瑞徵无可奈何地瞅了瞅他镇守一年的湖广总督府，叹了口气，逃到长江水师的"楚豫"兵船上了。这些如实的报道，全国人民阅后人心大快。

1911年12月29日，独立的17省份，有45名代表出席在南京召开的中央临时政府大会。筹备组建中央临时政府，孙中山以绝对多数当选为中国历史上第一位临时大总统。山西选派的代表是赵戴文、孟步云等。

1912年1月1日，孙中山先生乘火车前往南京，晚10时在江苏省咨议

局举行临时大总统就职典礼。大厅里灯光如昼，窗边和棚顶缀着七彩纸花，主席台两侧各挂一面鲜艳的五彩旗，横幅写着"中华民国大总统就职典礼"十一个金光大字，在大红金点底的映衬下，金光大字更是耀眼夺目。

当孙中山步入会场时，各省代表军官和十几位外宾纷纷起立，报以热烈的掌声。并高呼："共和万岁！"孙中山双手高举过头，鼓掌致谢。孙中山先生登上主席台，就坐大总统位，各省代表与军政人员身着礼服，分列两边。伴随着21响庄严的礼炮声，就职典礼开始了，军政人员向孙中山大总统行三鞠躬礼，17省代表团推荐了一人登台致词：

今日之举为中国五千年历史所未有，我国民今日所希望者，在共和政府之成立，以扫除满洲专制政府，使人人得到自由，孙先生为当代革命之先觉，富有政治学识，今日就任临时大总统之职，愿孙先生始终爱护国民毋负国民期望，并请大总统向全国人民宣誓。

孙中山先生此时心情非常激动。想想从1895年广州首次起义开始，经历了十次起义失败，16年的风风雨雨，有多少仁人志士流血牺牲，才赢得今日的胜利。他缓缓举起右手，在庄严肃穆气氛中向全国人民宣誓：

倾覆满洲专制政府，巩固中华民国，图谋民生幸福，此国民之公意，文实遵云，以忠于国，为众服务。至专制政府既倒，国内无变乱，民国卓立于世界，为列帮公认，斯时文当就任临时大总统之职。谨以此誓于国民。

孙中山先生宣誓完毕后，全场报以热烈的掌声。各省代表、来宾和海陆军官高呼："中华民国万岁！"此时1000响礼炮齐发。这是一个值得人们永远记住的日子，在中国大地上，统治了千年之久的封建君主制度结束了。神州换新天，一个新的共和国——中华民国，在世界东方诞生了！

第二十一章　杀六君子　幽禁光绪

　　辛亥革命取得胜利，成立了中华民国。孙中山先生就任临时大总统后，接着湖南、山西、陕西、云南、江西、上海等省市一个接一个地宣告起义。在清王朝统治下的 24 个省区已有 14 个省宣布脱离清王朝。全国各省革命烽火吓坏了清王朝的统治者。摄政王载沣连忙召开内阁会议，商讨对策。众人皆面面相觑，束手无策。此时受到袁世凯好处的总理弈劻，建议请袁世凯出山，软弱无能的载沣别无良策也只好同意。

　　袁世凯出山，清政府命他为钦差大臣，不久又任内阁总理大臣，掌握了清朝的水陆军大权。他一方面紧紧勾结弈劻，排挤载沣，一方面又与英、日勾结。很快他就把清王朝的军、政、财权控制在手中。他又贿赂收买俄公使陆征祥，并授意让他联合各国公使至电清王朝，要求溥仪退位，组织共和政府。

　　袁世凯迫不及待地跳出来，一方面厚颜无耻地与南方革命党谈判，要求孙中山将大总统的职务让给他，另一方面紧锣密鼓地迫使清廷逊位，退出历史舞台。袁世凯进见隆裕太后和溥仪皇帝。他跪在地上毕恭毕敬满脸哭相，像刚死了爹娘，假惺惺地挤出几点眼泪说："海军尽叛，天险已无，何能悉以六镇诸军，防卫京津虽效周室之播迁，但已无相容之地……"言外之意就是请皇上退位，大权由他掌握，好同南方革命党讨价还价。袁世凯这一番话，使隆裕太后六神无主。

　　隆裕太后擦擦眼泪说："大清天下断送在我们手中，我们愧对祖宗啊。"

　　袁世凯叹了一口气说："皇太后不要过于伤心，世事变迁，不能由太后承担责任，俗话说识时务为俊杰，何况太后是个明白人呢！"

　　隆裕太后问："如若退位那民国将如何待我？"

　　袁世凯说："紫禁城前面的三大殿归民国。皇上、皇太后等一切尊号不变，仍住在乾清门后的宫室。皇室财产归自己所有。这些优厚条件均已拟好，请太后过目。"说着袁世凯从口袋中取出早已拟好的条款递给隆裕太后：

　　一、保持大清皇帝的尊号，中华民国以待各外国君主之礼相待；

　　二、皇帝退位后，暂住在紫禁城。待以后再迁到颐和园居住。侍卫人等照常留用；

　　三、皇帝退位后，每年开支四百万两银子，此款由中华民国拨给；

　　四、中华民国负责保护大清的宗庙坟地；

　　五、光绪皇帝的未完工的墓地也按原计划修造；

　　六、宫内原来所用各项人员照常留用但以后不再招进太监；

　　七、中华民国应保护大清帝的私有财产；

　　八、原有的禁卫军由中华民国陆军部管理，俸饷如旧。

　　隆裕太后看罢，呜咽着，一下子将溥仪搂在怀里，轻轻地说了一句："可怜我们孤儿寡母。大清江山就这样到头了吗？没有能救我们的人吗？"

　　此时袁世凯却在想大清气数已尽，这天下应该属于谁，现在还不好说。我袁某在这历史十字路口绝不后退，我要把这天下改姓袁。

　　隆裕太后终于平静了一些说："就这样吧，也无别的办法。"

　　宣统三年十二月二十五日（1912年2月12日），这一天6岁的末代君主爱新觉罗·溥仪退位了。这也宣告了从皇太极建号"大清"始，至宣统皇帝退位止，历时276年的清王朝结束了。

　　其实善弄诡术的袁世凯是一个十足的大骗子。光绪皇帝搞变法维新时，

就是毁在袁世凯的手上的。当时光绪皇帝赏他侍郎头衔并说了许多嘉奖他的话。袁世凯千恩万谢表示永远效忠皇上。但到了慈禧那里连忙说："太后容臣禀奏，皇上问我说：'倘若你统率军队，你肯忠心耿耿地效劳朕吗？'我说：'臣当报答皇上厚恩。'然后又询问了新军情况。"又对慈禧说："整顿陆军别有用心，您需小心谨慎方好，臣永远效忠太后。"

慈禧命荣禄一面多和袁世凯联系，一面派亲信部队进驻北京、天津密切监视光绪的一举一动。光绪发现自己被控制，马上传信让康有为等人离京。康有为、梁启超、谭嗣同、杨锐、林旭等人在一起商讨，谭嗣同建议康有为、梁启超离京，他去找袁世凯，请他出兵救皇上。

八月三日深夜，谭嗣同身藏光绪密诏，单独来到袁世凯在北京的寓所，让袁世凯出兵救皇上，告诉袁世凯天津阅兵是一个阴谋，慈禧和荣禄要加害皇上。袁世凯说："皇上有难袁某万死不辞，永远效忠皇上。"

然而袁世凯一到天津就立刻去荣禄府告密，并将事情的全部经过告诉荣禄。

荣禄立刻就到颐和园报告了慈禧。八月六日慈禧将光绪幽禁在了瀛台。接着就抓捕变法维新志士，谭嗣同、林旭、刘光第、杨锐、康广仁，杨深秀前后被抓。谭嗣同在死牢墙壁上用炭写了一首表达壮志的诗：

　　　　望门投止思张俭，忍死须臾待杜根。

　　　　我自横刀向天笑，去留肝胆两昆仑。

八月十三日壮士们被押赴北京菜市口刑场，康广仁谈笑自如对谭嗣同说："今八股已废，人才将辈出。我辈死，中国强矣！"谭嗣同面带微笑大义凛然地高声朗读自己的绝命诗：

　　　　有心杀贼，无力回天；

　　　　死得其所，快哉快哉！

中午时分，六位变法维新的志士受袁世凯"永远效忠皇上"誓言的蒙骗英勇就义了。

载沣到瀛台看望光绪皇帝，见到哥哥如此凄惨，不禁暗暗流泪，他向光绪请安后，光绪浑浊的眼睛含着泪，微弱地说："为兄一生坎坷多难，临终有一言想告诉你，有一人作恶，坏了为兄的事，想你明白，若有机会，为兄报仇。"载沣明白就是在说袁世凯。后来载沣为摄政王，兼理国家大事，吓得袁世凯告病请辞职务，载沣立批"开缺回籍"。

肃亲王载泽同载沣说："你呀太软弱了，为什么不学老祖宗康熙擒拿鳌拜的魄力？让老贼回籍养病，那不是放虎归山，后患无穷！"

真让肃亲王说中了，袁世凯当上内阁总理大臣后，勾结奕劻排挤载沣，甚至制造一些事非来打击载沣、载泽，此时的紫禁城已是袁世凯说了算。

袁世凯借"停战议和"之机用血腥手段镇压了华北和东北的革命运动，稳住了他的老巢和后方，同时他又挟南方革命党人以迫使清廷向他交出军政大权。孙中山先生担任临时大总统，可袁世凯没有闲着，他以掌握清朝军政实权为后盾，串通各省都督及出任孙中山先生就任大会的各个代表。

各省都督及代表迫于"同盟会"和各省革命力量的压力，同意孙中山先生就位，可是这些人大部分是清王朝的显贵。

第二十二章　选大都督　稳定山西

1911 年 10 月 29 日太原响应武昌起义成功后，起义军头领阎锡山、赵戴文、温寿泉、姚以价等举行会议，准备推选山西领导人及组织领导机构。其实在会前，阎锡山曾与"同盟会"武装部会员温寿泉、张树帜等在阎锡山标部密商过都督人选。

阎锡山主张选姚鸿法为大都督，并向众陈述了两条理由：一是姚鸿法原任四十三混成协统，是山西之标部的直接上司长官，办事较为方便；二是如果起义最后结局失败，姚之父亲系清廷陆军部侍郎，事情也好缓和。大家一致同意。后来因姚鸿法本人不同意，大家又一致选举阎锡山为大都督。

可在公选会议上，张树帜发觉有选咨议会咨议长梁善济的倾向，便立持手枪跳到主席台上，把梁善济挤到身后，大声号召说："选阎锡山为大都督，赞成的举手！"全体议员在惊愕中相顾举手，一致通过。就这样，阎锡山、温寿泉分别当选为大都督和副都督。随后立即组成了山西军政府。在阎锡山的倡导下，大家一致同意起用黄帝纪元作年号，悬挂八卦太极图旗。将部队整编为四个标，设东路军、南路军、北路军总司令，另建一个前敌委员会。令其一部扼守娘子关、固关等要冲，另一部继续攻取雁门、大同、临汾、运城等地。同时，一面派人员前往北京与清廷通融，以期缓和局势，一面派人员到起义成功的武昌等地联络，争取军事援助，以备清廷兴兵讨伐。

话说到后来，阎锡山为山西都督，总揽山西军政大权后，对他在留学时日本教官所鼓吹的日本明治维新、实行军国主义、征兵练武、发展资本主义，

从而称雄世界之历史，记忆极为深刻，也感兴趣。因而常常说："军国主义是富国强兵之道，要使中国富强，必须推行军国主义。"为此，阎锡山要在山西实行军事管辖的政治扩张。

阎锡山既羡慕日本人所说的武装和平，又称赞德国人所说的铁血主义。用他个人的理解说："无论帝国主义、国家主义或军国主义国家的政治，都是用民政治，非用民不足以国富民强。"因此，他主张政府政策是军国政策，人民教育是军国教育，社会组织是军国组织等等。

赵戴文则另有看法，同阎锡山推心置腹地建议说："一种新政的执行，应该在安定的局面下施行，当前最为需要的是马上建立起山西的地方统治机构，委派各部县乡负责人，发布安民告示，负责任地对山西人民作一统筹安排，把新政的施实放在第二位。"

当时，广大人民在北洋军阀明争暗斗、南北战争不休的混乱局面中渴望和平生活。赵戴文看到了山西人民的这种心理，便协助阎锡山提出保境安民的口号：为保一方水土人民之利益，不参加内战，以取山西人民之信任。等大局安定后，再推行军国主义式的治国安邦之政治制度，有可能会收到好的效果。

阎锡山接受了赵戴文的建议，并让赵戴文以他的思路着手一些山西初建事务的调整和安排。赵戴文此时任都督府秘书总监兼任督军公署参谋长，把阎锡山的用民政治之内容逐步化解为"民德、民智、民财"三项政策。他以"信、实、进取、爱群"为"民德"四要；以"推广国民教育及人才教育、职业教育"等来实现"民智"；以"改良农业、提倡工业，以利民生"实现"民财"。赵戴文尤其在文化教育方面，提倡新文化，反对旧礼教，补习国民教育，教人学习，教人学本领等一系列为民政策。

在为山西国民的具体建设中，1917年邀请有实际经验的各行各业的专家

学者，积极进言拟写"六政三事"方案（即水利、种树、蚕桑、禁烟、天足、剪发和种棉、造林、牧畜），稳定了山西的局面。在此赵戴文已在山西文化教育界是独树一帜了，一方面提倡儒学教育国民意识，成立"洗心社"。这是因为他对中国传统文化几十年如一日的精心研读、仔细探讨、深入了解所得。另一方面赵戴文在山西教育界逐渐引进西学和日本教育制度上的先进性，大力提倡中、西教育文化相结合的教育文化体系。

阎锡山对赵戴文这一教育文化体系，和他所推行的用民政治、治国安邦政治是大为赞赏。并当面对赵戴文说："次陇先生呀，你是本都督的参议长，又长们17岁，应为们的导师，应该好好协助本都督'治国安邦'呀！"后来阎锡山专门留信给赵戴文："十余年从政无暇读书，亦且无暇思过，每觉名牵物诱，应事接物常处于被动地位。山生来不足，补之法只有借先生之智仁勇，以补自己之不足。"

第二十三章　莅晋视察　鼓舞民心

1912 年 3 月"同盟会"总部在南京开会员大会，制定《中国同盟会总章》和九条政纲，选举孙文为总理。8 月"同盟会"又与统一共和党、国民公党、共和促进会等政治组织联合，合并为国民党，公推孙文为理事长，这些都是进行军事斗争为主要任务的秘密革命者组织，在新的形势下向现代民主政党转化的必要步骤。

1912 年 9 月 18 日下午五时孙中山先生抵达太原，孙中山先生在太原与山西各界欢迎者合影，晚 6 时，阎锡山在都督府宴请中山先生。在宴会上，

孙中山先生来太原与"同盟会"众人留影

孙中山先生发表热情洋溢的讲话："武昌起义，山西首先响应，共和成功，须首推山西阎都督之力为最。今非享福之时，尚须苦心建设10年后，方可言享福。文捐弃一己权利，为谋4万万同胞幸福。"他希望山西武装起义后保存革命胜利果实，故说此番话的。

宴会后，孙中山先生与都督阎锡山、山西军政高级人员、太原各界人士分别在都督府、文瀛湖畔留影。

9月20日，孙中山先生虽因连日劳累身体欠安，但仍出席了两次集会，一次是参加山西军界欢迎会，发表了"军人的责任即在国防"的演说。孙中山先生说："军人责任即在我国防。20世纪立国于地球上者，非兵力强盛不能立国。是立国之本，即在军人。非兵力充足，不能为外交之厚盾。今日告诉君有两事：第一存心，即军人当存一与国存亡之心。第二学问，中国在前清时代，对于日、法战后所以失败者，在军事学问之不足。"

孙中山先生还讲到："……此次到山西见山西煤铁甲于天下。方今为铁钢世界，有铁有钢可以自制武器，即能争雄于世界。兄弟拟在山西设一大炼钢厂，制造最新武器，以供全国扩张武备之用，要求军界诸君赞成。"

在赵戴文的陪同下孙中山先生还参加了山西实业界、学界及各党派欢迎会，孙中山先生又发表了"共和国体与专制国体不同"之演说。孙中山先生说："共和国是吾4万万同胞的国家，前清的国家是满洲人的国家；兵和国体荣辱是吾同胞荣辱，专制政体荣辱是君主一人的荣辱。……今专制推倒，共和成立，是吾同胞由奴界一跃而登之主人地位。民族、民权主义已达目的，惟民生主义尚在萌芽。吾同胞各享国家权利，要各负国民责任，各尽国民义务。吾国土地如此之大，人民如此之多，物产如此之富，何至于如此之贫！推原其由，实因前清专制政体，人民无权利，遂无义务的思想，无自由平等的幸福，自甘暴弃责任，毫无竞争之性，进取之性，此实我国民至于贫弱之

大原因也。"

孙中山先生和赵戴文一行陪同人员亲自视察了孟步云所创办的女子师范学校。一簇簇艳丽的时令花竞相绽放，在绿树成荫的陪衬下学校生机勃勃，如同世外桃源。孙中山先生在校园里走动，畅游闲憩，不时发出感叹："真乃陶冶心扉呀……"

师范班的女学生为孙中山先生一行表演了她们的舞台表演剧《花木兰》和朗诵秋瑾女士的《勉女权歌》，孙中山先生非常感动，因为孙中山先生就是倡导女性解放、女性接受教育的先驱，他曾说："女学教育既兴，然后男女可望平权。"孙中山先生赞扬女学生是中国女性的未来。

孙中山先生离开时，紧紧握住赵戴文、孟步云的手说："……革命尚未成功、同志尚须努力……女界教育，同志尚须耕云呀……"孙中山从身上掏出他自己用的怀表赠送给了孟步云说："自己随身之物，留个纪念吧。"孟步云接过怀表，感到孙中山先生不顾自己的安危来太原鼓励大家，真是领袖风范，深深鞠了一躬，孙中山马上握住孟步云的手说："革命同志不兴这个，我们是同志，握手就是最高礼节了。"

9月21日，是孙中山先生离开太原的日子。新南门以至车站一带，欢送群众比18日欢迎群众有过之无不及。孙中山先生观此场面，深为感动。上车后再三地说："山西以素称闭塞的省份，革命竟能如此神速，今所见者都是新气象，且有天赋之煤铁资源，山西前途不可限量。"孙中山离晋时，由梁上栋陪送至石家庄，当梁向孙先生挥别时，孙中山说："你如要再去英国深造，我可以送你去。"又说："你是学工程的，倘若建筑铁路计划，能以顺利进行，我就叫你去帮忙。"孙中山先生莅晋视察，是山西近现代历史上的一件大事，他的谆谆教导和殷殷嘱托，山西人民永远难以忘记。

第二十四章　登上宝座　解散党部

国民政府一成立，马上面临着巨大的经费问题。北伐缺粮缺饷，难以维持，而拥有势力的各省都督，像黎元洪、谭延闿等表面上积极支持，但实际上却坐壁上观。

"同盟会"总部领导人孙中山、黄兴、胡汉民、汪精卫等人商讨如何能摆脱这种困境。胡汉民还是老想法，他说："孙先生，现在支撑清廷局面的无非是袁世凯手里的北洋军。我们如能借助袁世凯的力量推翻清廷，不是比诉诸武力稳妥得多吗？"

孙中山说："袁世凯真有这个诚意吗？我在任临时大总统之时就发出电报，但他却派北洋军来镇压华北和东北的革命运动。他的行动说明了一切。如今他能赞同我们的建议吗？大家一定要注意，袁世凯可是一个善变之人。"

已被袁世凯收买的汪精卫赶紧接话说："我们可以派人去北京找袁世凯谈判。如果他答应我们的一些条款，由他来当大总统……"下面的话汪精卫没有再说，孙中山已明白了。

孙中山便说："天下为公是我革命几十年的宗旨。决不存在半点私心，如果袁氏真能答应我们的条件，我个人的进退是不足论的。不过民国的前途，革命成败乃天下大事，非比儿戏啊！我有些不信任袁世凯。"

黄兴和胡汉民听孙中山这么一说，心情十分沉重，没有再说什么，汪精卫走到孙中山面前自告奋勇说："我和袁世凯曾有一面之交，我愿意去北京一趟探探动静。"孙中山等人听了也只好同意了汪精卫的建议。

经汪精卫与袁世凯讨价还价终于达成协议。2月15日南京临时政府召开大总统选举会，十七省议员投票，结果袁世凯以满票当选为民国第二任临时大总统。大会随即发电报请袁世凯到南京就职。袁世凯心里明白，他不能离开北京，就又耍了一个小手段，来达到他在北京就职的目的。于是在汪精卫的调和下，南京参议院只好拟了六条：

一、参议院电知袁大总统，允许在北京就职。

二、总统接电后，即电参议院宣誓。

三、参议院接到宣誓电之后即复电认为受职，并通告全国。

四、袁大总统受职后，即将拟派国务总理及国务员姓名，电知参议院。

五、国务总理及各国务员认定后，即在南京接受临时政府交代事宜。

六、孙中山大总统于交代之日，始行解职。

袁世凯接到此电后，心满意足。

第二天在北京举行第二届临时大总统就职典礼。

事后，袁世凯不承认山西为起义省份。袁世凯借口都督离省，否认山西起义的事实。这要说到太原光复的当天——1911年10月29日，阎锡山凭借其归国两年在军中培植起来的力量、八十六标之标统的地位、起义中发挥的作用及其影响等等，做了山西都督。阎锡山上任都督后，马上号令成立山西军政府，决定首先扩充武力，光复全省，防堵清军反扑。随即，派出以姚以价为总司令的东路军，出兵娘子关御敌。考虑到娘子关系山西东大门的重要性，赵戴文一介书生迫于局势也被任命为东路军参谋长，随军开往前线。

太原光复之初，以阎锡山为首的山西民军面临的形势是很严峻的，一方面内部尚不统一，另一方面又要应付清廷的反扑镇压。面对多变的形势，又在山西咨议局代表的敦促下，阎锡山决定率部征战。

阎锡山为扭转不利局面，决定与清政府派来镇压起义的新军第六镇总司

令吴禄贞（暗中是同盟会员）联合组织"燕晋联军"合兵直捣京师。1911年11月4日在娘子关车站双方会面，在十分融洽的气氛下进行，谋划了组建燕晋联军的一切事宜，吴禄贞任大都督兼总司令，阎锡山为副都督兼副总司令。山西义军派两个营开赴石家庄，归吴指挥，共同执行截断京汉路的任务。

不料风云突变，功败垂成，吴禄贞的行动引起了乘机出山收拾残局的袁世凯的嫉恨。11月7日，吴禄贞在石家庄车站办公室被杀。吴禄贞事未尽而身先卒，第六镇遂成一盘散沙，燕晋联军烟消灰灭，不了了之。

阎锡山虽然登上了山西都督之位，但是筹组燕晋联军的一段历史却一直为袁世凯所忌。袁世凯以都督离省为借口，否认山西起义的事实，这让山西"同盟会"成员很是气愤，我们多少年来，为之努力奋斗，你袁总统一上台就这样对待我们山西吗？

于是阎锡山四下活动，昼夜进京谒表，竭诚拥护之意。同时，派人前往上海，请求孙中山多方疏通。通过一系列的沟通，在以孙中山先生为代表的革命党人的力争声明下，袁世凯才被迫承认。

1912年3月15日，任命阎锡山为山西都督。

当时，山西政府规模初具。可北京又传出袁世凯要君主立宪，这让提倡民主共和思想的人们很是不解，刚推翻了清王朝，怎么又搞什么君主立宪？

阎锡山此时非常晓得袁世凯手中所掌握着北洋军阀大权，又为国民政府临时大总统，为此阎锡山采取不得罪政策，左手拉着"同盟会"和民主共和，右手又拉着袁世凯的君主立选。这年秋八月，"同盟会"改组为中国国民党，阎锡山被选为中国国民党参议。但阎锡山对孙中山只做表面上的应付，而采取各种手段讨好袁世凯。

十月，局事突变，袁世凯下令解散国民党，阎立即声明脱离国民党，并秉承袁世凯的指令，在三个月内将山西国民党党部一律解散。这些做法让赵

戴文是忧心忡忡，因为他不是见风使舵之人，在这胜者为王、败者为寇的风云变幻年代，谈不上什么个人之信仰追求，可赵戴文还是坚定自己的信念，不随波逐流，不声明自己退出中国国民党。

民国二年，国民党发动的第二次革命失败后，袁世凯加紧图谋帝制，还要将各地参加起义的人员一网打尽。袁世凯认为山西处于北京肘腋之下，不容异己存在，便三次传见阎锡山。阎锡山俯首恭顺，故显庸碌，使袁世凯稍解疑虑。后来，各省"同盟会"要员任都督的大部被袁世凯撤换，而阎锡山稳居其位。次年夏六月，袁世凯将阎锡山任命为同武将军。

此时，袁世凯并没有轻信阎锡山，派其心腹金永山为山西巡按使，以分阎之权力。阎锡山便知机而让，不问军事。这样，使金永山觉得阎锡山容易应付，不足为虑。

其实，袁世凯的真面目早为革命党人所认识。早在1911年12月初，南北议和已经开始，袁世凯违约派第三镇进攻山西民军。在大军压境面前，阎锡山既慑于袁世凯的威力，又对袁世凯抱有幻想，遂同意"同盟会"会员景梅九的建议致函袁世凯，如能"协同军民颠覆帝制，建立国民共和，与民更始……"则拥袁世凯为中华民国"第一任大总统"。南北议和后，阎锡山由归绥地区南返，行至忻州，收到袁不许他继续前进，（即不承认他为山西都督）的电令。在这种情况下，阎认为袁手中不仅握有重兵，而且将接任中华民国临时大总统，整个政治天平已倾斜到袁世凯的一边，于是一面请求孙给予支持，一面派人向袁输诚。又在建都问题上站在袁的一边，声称："以形势论，以事实论，以对内对外论，目前自无舍北就南之理。"篡夺了辛亥革命胜利果实的袁世凯，看到阎锡山不同于其他"同盟会"会员，遂任命阎为山西都督。从此，阎即主管山西。

第二十五章　加强军事　培养骨干

　　1905 年在太原教场巷成立的山西陆军小学堂，就是当时在山西唯一的军事教育机构了。1909 年，阎锡山从日本东京陆军士官学校留学毕业，回到山西的第一个职位就是被清政府安排在山西陆军小学任教官。那时的阎锡山是年青得志、心高气盛不能满足于陆军小学堂的初级水平，感到清政府所制定的教材及学员所训练的科目都太低级了，可当时一心想着如何推翻清皇权统治，对清政府的设施机构及一些教育体制根本不放在心里，所以那时只是敷衍了事而已。

　　三年后的阎锡山已是把统治山西的大权握在手中了，要在这一方水土上实行军国主义政策，征兵练武，发展资本主义。阎锡山经常在一些大小会议上对部下说："军国主义是富国强兵之道，要使山西富强，必须推行军国主义"。为此，阎锡山在山西实行军、政不分家，一切事务军管。凡在都督府任职的文职官员，一律编入军队系列，纳入军队官衔来编制，实行军事管辖的政治扩张。赵戴文就是在这种编制下，稀里糊涂地成为了具有高级职位的军士将领，可又实实在在干这文职工作和地方教育行政方面的工作。

　　民国初年，赵戴文坐镇山西教育公署，对山西教育系统进行了一次全面大审核，在审核到山西陆军小学堂时，实感山西陆军小学堂的教材及学员所训练的科目存在粗浅、落伍等等问题，不符合当前所引进的西方科学技术的发展，更谈不上军事的先进性。为此，赵戴文根据阎锡山"军国主义是富国强兵之道"的一些战略方针，提出："应把陆军小学堂提高级别，引进先进

的军事教育，因为山西省的现役军官还有待提高军事理论的修养和战时应对训练科目的标准化。"

赵戴文的想法马上得到阎锡山的认可，因为面对错综复杂的局面，依据其对政治的认识，首先把注意力集中在军队建设上。为了尽快培养自己的军事骨干，切实掌握军队，巩固既得地位，阎锡山决定加强军事教育机构。他早有此意想改造山西陆军小学堂，也想要筹建一所高层次的军事学校。赵戴文的想法正与他不谋而合。为此，在 1912 年冬，阎锡山下令撤销了陆军小学堂的称谓，取名为"山西将校研究所"的军事教育机构应运而生了。

赵戴文多年从事教育，堪称学界耆宿，加之兼通兵学，被阎锡山特委任为"山西将校研究所"所长。这是顺理成章的事，也只有赵戴文最为合适胜任了。"将校研究所"在赵戴文的主持下，首先吸收了太原辛亥革命武装起义后整编军队时编余的军官一百余人，致力于军事理论和军队操典方面的学习研究，作为改良军队和训练军事干部的基础。

一些军官的军事理论极差，他们是在辛亥革命武装起义中，会两下拳脚或会用枪瞄准射击，凭着年轻人的一腔热血参加革命，一路走下来的。根本没有受到过系统的军事理论及军队操典方面的训练，可他们是太原武装起义浴血奋战的仁人志士。现在出现理论学习方面参差不齐的现象，是在情理之中，情有可原。

这是摆在赵戴文面前非常棘手的问题，不能同步训练、学习，更谈不上什么军事研究了。于是赵戴文就三个月坐镇"将校研究"，对这一百余名编余军官进行多方位的考察。首先让学员们答出：

1. 你的能力在什么方面突出？

2. 你的能力在军事方面占什么优势？

3. 你的能力在战时能发挥什么作用？

学员们的答题是五花八门，还有的是所答非所问，让赵戴文真是哭笑不得，怎么办？于是赵戴文根据学员们那五花八门的答题，把他们编成三个团：缺乏军事理论教育的编为一个团——军事教育团；缺乏兵事训练及军队操典的编为一个团——学兵团；有武功拳脚功底的学员编为一个团——武功格斗团。

赵戴文在正式的"山西将校研究所"开学典礼大会上，邀请阎锡山为学员们讲话。

阎锡山以压倒一切的气势大步流星地走上主席台，挥舞着他的大手，打住学员们的热烈鼓掌，器宇轩昂地说："几年前的这里是矛刺向盾、盾阻挡矛的景象，实在有些些'儿科'。现在引进了新式武器，枪上安装有刺刀，以后的操练，就是拼刺刀，练瞄准射击。们对赵所长把你们分为三个团，非常满意，这不仅便于教学，还便于以后人才的使用，在座的你们有什么能力，尽情地锻炼、发挥，学成后，们要看你们的赵所长对你们每个人的评议鉴定，们要以你们的个人表现委以重任。"

台下的学员们"哇"的一声，热烈地鼓起掌来。

后来"山西将校研究所"在"学兵团"上大力扩充。招收具有高小毕业或相当于高小毕业文化程度者。"学兵团"以步兵第9团的名义呈报北京政府陆军部及北京政府。

第一，采取正规部队的编制。其学员是按照一个正规步兵团1200人的编制，从大同、临汾、潞安、太原四地招收的，1200名学员按照正规部队编制编为3个营，12个步兵连，每连100人。营、连、排、班各级干部均有军职，3个营长及连、排长由"山西将校研究所"优秀编余军官担任。

第二，享受步兵待遇。学兵团既以步兵第9团名义呈报陆军部，其经费即与步兵相同，津贴中士每月8元，下士每月7元，学兵按普通士兵，每月

一律6元3角。

第三，既学"普通课"，又学"军事课"。普通课有国文、英文、算术、历史、地理等；军事课以步兵典范令和野外操作为主。军事课由各连的连排长负责讲授，普通课则聘请一批高等师范学校毕业的学员担任。

第四，施以精神统驭。团内每周有一次精神讲话，由中校团附讲授"修身"；全团排长以上军官，每逢星期日须到督军署自省堂举行"自省"，亲聆阎锡山、赵戴文和其他高级军政人员讲话。

第五，毕业从军。学员除出校充当下级军官者外，均于毕业后留团担任连、排长职务，成为晋军的军事骨干。

赵戴文为了推行军事国民教育，又成立了四个在乡军人训练连，分期分批轮训全省各村镇的青年人，每期三个月，训练后还乡，为以后随时召征入伍等等。

军事干部是军队的脊梁，军事干部的培养为军队建设之必需。赵戴文十分重视创办军事学校和培养军事干部。纵观整个晋绥军军事干部队伍，除了一些高级军官出身于保定军官学校外，基层干部多由省内军事学校培养。

"山西将校研究所"可以说是山西军事教育界的旗帜，是许多热血青年所向往的地方，更有高学历的学子、留学回省的留学生，要求报考"山西将校研究所"。

为了让更多的有志之士以后能从事军事工作，赵戴文以山西教育公署的名义又备案设立了"山西公立军官学校"。后故有论者在谈到赵戴文的"建树"时称："晋绥军将校多出其门也。"

第二十六章　进京述职　假装懦弱

民国二年，袁世凯担任临时大总统后，对北京的国民议员采取一打一拉，又重新组织以梁启超、熊希龄为首的所谓"第一流人才内阁"，他认为这样做就可以做正式大总统了。

选举在威胁、恫吓、不准吃饭之中进行了三次投票，袁世凯得票勉强超过了四分之三，当选为第一届中华民国正式大总统，黎元洪当选为副总统。

勉强当上大总统的袁世凯，虽说心里不痛快，但阴影很快从脸上掠过，因为必定是正式大总统了，达到了他的最高目的。袁世凯将大总统宣誓就职地点选在"太和殿"，而不在国会大厅或居仁堂，其用意何在？太和殿不仅规模宏大宽敞，且前清朝各帝登基举行盛典，受百官朝贺，都在太和殿隆重举行。可见醉翁之意不在酒，其目的是代清朝受命于天，再上一层楼。

民国二年十月十日（1913 年 10 月 10 日），袁世凯在紫禁城太和殿宣誓就任中华民国第一届正式大总统。这个消息传到全国各地，国民没有感到是一件大喜的事情。在太原城里，市民们表面是无动于衷，可内心深处很是纳闷儿，都感到不可思议：搞反清革除帝制、建立民国、太原辛亥革命武装起义，可最后大权到了一个清末重臣袁世凯的手里，人们百思不得其解。

袁世凯正式坐上了中华民国"大总统"宝座后，对阎锡山续任山西都督一职，仍耿耿于怀，随即便电召阎锡山进京述职。阎锡山怕有什么不测，就请生死之交的挚友赵戴文放下手中一切事务，陪同他进京住在京城的大同公寓内，等待着袁世凯的传见。

袁世凯的威仪是出了名的，加上明显表示出来的猜忌，阎锡山是怀着无比畏惧的心情面见这位袁大总统的。第一次会面，时间不长就回到寓所，心有余悸地连声对赵戴文说："啊呀呀！真是可怕！"

赵戴文马上为阎锡山递上毛巾。阎锡山一边擦着汗一边懊丧地说："你看看，把们是吓出了一身的冷汗。"

赵戴文马上镇定地说："咱们'大风大浪'都闯过来了，推倒一个清王朝都不在话下，怎么倒怕起一个篡权的了……"阎锡山一个箭步蹿到赵戴文的前面，用手捂住他嘴，回头看看关着的门小声说："啊呀呀！们的老先生，隔墙有耳，你给们小声点好不好！"

于是，二人无可奈何地坐下，阎锡山心平气和地说："们的军师呀！请你老先生来，就是危急时刻给们出谋筹划的，不要意气用事了。"

赵戴文毫不客气地说："那你就装'孙子'。"

阎锡山一脸的苦笑说："唉，这倒不失为一个上佳的计策。"

最终，二人得出的结论是：以庸碌、懦弱的面貌出现。由于依计而行，通过后来的两次接见，袁世凯终于开始改变了对阎锡山的态度，说："看来你这小老弟，也是个赤胆忠心的主，好好干吧，有你飞黄腾达之时呢。"

阎锡山回到寓所同赵戴文兴高采烈地说："你看看，稍给他玩些小计策，便有了们的转机了。"他们片刻不停地速返太原。

从表面看袁世凯对阎锡山信任了，但实际上不是那么回事，袁世凯马上派爪牙金永到山西任民政长，暗中监督阎锡山。阎锡山便韬光养晦，一是派人经常进京，贿赂袁的亲信梁士诒，向袁表示恭顺；二是亲自将自己的老爹送到北京，作为"人质"。

这样一来，袁世凯才有所放心。在清洗各省都督时，绝大多数同盟会会员都督被撤换，只有阎锡山和云南都督唐继尧未动。但却留了一手，又提拔

赵戴文
【晋学文化之旗帜人物】

金永为巡按使，相当于省长，以分阎锡山权力。阎锡山心知肚明，愈加恭顺。故意让人放出风来，言其无能、窝囊。如此日久，太原城军政工商文教各界皆知金永，而不识阎锡山。金永认为阎乃一庸夫，不足为虑，更加骄横恣睢。

金永，浙江钱塘人。这家伙才识闳通，性严酷，擅作威作福。初以知县起于直隶，历任定州、知州、安平、故城、邯郸知县，所至有声。东三省总督徐世昌闻其名，调之关外，任宾州厅同知，新城府知府。宣统二年，任双城知府，缉捕勤能，杀人立威，双城商民呼其"金大杀"。其手下有队长曹志刚，亦善缉捕，号"曹大抓"。

他初至双城，城内有一卖切糕商贩，素泼皮，短斤少两，无大恶过。金永下车，微服行走于市，闻其名，买一斤切糕，短一两。怒而责之，不服。遂自报家门："我乃新任知府也！"卖切糕者视之良久，问："短知府一两切糕，当判何罪？汝能杀我乎？"金永无语，拂袖而去。

回衙门，问曹大抓："牢中可有死囚？"曹大抓答："有，仅一人。"金永冷笑："明日出法场，备二死囚车并招子。"曹大抓莫名其妙，遵命备之。翌日，择行人最多时，金永命曹大抓推二囚车行于闹市，一实一空，百姓皆大惑，追逐观看。行至二道街，卖切糕者亦引颈笑而观之，笑曰："知府糊涂也！"忽然，金永喝令衙役："速将卖切糕者拿下！"

然后，当场从容宣判："本太守买你切糕，尚敢欺辱，少给一两。百姓又如何？即便一斤差一两，一天又差几斤？汝卖切糕几十年，积小恶为大罪，岂能留你狗头！"遂绑缚囚车，插上招子。出西门一刀剁之。于是，一时宵小地痞畏而遁藏，地面清静。有好事者送其匾额，题曰"除暴安良"。金永得意，大言而受之。

袁世凯掌北洋军，金永得徐世昌推荐，投于袁世凯，遂为心腹。金永在山西，有大总统作后台，狐假虎威，为所欲为。解散议会，肆意打击、迫害

以至杀害同盟会员。对山西籍官员，以回避为由，全部拿下，换为自己亲信。得知赵戴文之学问深厚，在山西教育界赫赫有名，便再三邀赵戴文为他辅佐，赵戴文推脱说身染重病，方解脱金永的纠缠。

金永还大肆扩充巡按署机构，设政务、财政、实业各厅，人员均由自己选定。又成立警备队，归己指挥。他大权独揽，进而实行特务政治，捕杀同盟会骨干，勒索地方。祁县渠兴周、平遥县尹二少，皆富商大贾，金永垂涎其财，唆使爪牙于景福诬指渠、尹有不法阴谋，遂将二人家财全部没收，中饱私囊。太谷县曹氏亦晋商大户，被强加"不法"罪名，逼其贿巨金。

金永，还是一个非常守旧之人。倡言男子抓辫、女子缠足，不应强迫禁止。在山西上任后，首先就来到孟步云所创办的"山西省私立光华女子中学"，看到女孩子们整齐化一的服装和发型不以为然，女学生校园里跑跑跳跳，金永视为不雅、不像话等等。

他考虑到孟步云先生在社会上很有影响力，便来到孟步云的办公室。说："今日视察孟校长所创办的女子学校，让我了解到孟先生的能力，更感到孟先生有潜力可挖，何苦限制在一小小女校上，不如任我的副手或在山西教育公署任职，以后定有发展前途。"

孟步云马上说："感谢金巡察使抬爱，我人生的目的已定，就不烦金巡察使为我操劳。我只是一读书之人，也胜任不了大场面。多谢了。"

金永一听就火了，强压住火气说："那就随你吧，我看孟先生有些不识时务。"说完起身走了。本来还要去另外二所女师视察，结果就此打道回府了。

金永巡察使被得罪后，他无时不想找一些事情来为难孟步云，但孟步云外表宽和而性格坚韧、自奉廉洁、无公无畏。金永也奈何他不得，于是便核减了学校的经费，到后来一分都不给了。说是民国初年国库资金紧张，各方面都要核减等等。

第二十七章　领受荣誉　喜得贵子

　　1915 年 2 月 14 日正是农历乙卯大年初一。座落在山西省都督府内的一座中等四合院，是时任山西都督府秘书厅长、总参议长赵戴文的府邸。院落里里外外打扫得干干净净，从大门口到院内各房的门顶上都挂着红灯笼，两旁贴着继承祖先懿德，弘扬民族精神，祝愿吉祥和顺的对联；各屋的门窗玻璃都擦的明光晶亮，贴着鲜红精巧的剪纸；天井中心城堡似的一尊旺火正在燃烧，火焰不断向上窜升，发出噼噼啪啪的声音，灿烂的火花四处喷洒，闪烁着耀眼的金光。正屋墙中央挂着一帧孔夫子的大幅画像。两条长幅悬挂左右，上联"志佛家之所志"，下联"行儒者之所行"。前面则摆着八仙桌、太师椅等，两侧放有高脚茶几、椅子。厢房中摆着书柜，里面全是排列有序的线装书，都擦拭得一尘不染，洁净如新，摆放得齐齐楚楚，炕上的被褥叠得棱角分明。

　　这一切充满着庆祝佳节，欢度新年的气氛，却没有官宦的人家那种炫耀富贵的排场，给人感受更多的是淳朴雅净、诗书传家、勤俭继世的风范。其实这些高档家具并不是现住主人所备，而是现住主人的显赫身份所至。

　　不过今年的年节确与往年不同，喜事连连。一是当朝大总统袁世凯授予赵戴文"茂威将军"之荣；二是三天前赵府又喜得贵子，取名赵宗复。早年，赵戴文的原配刘氏生育二子（赵效复、赵仰复）后不幸病殁；续弦姚松贞女士连生三女，终于有了弄璋之喜。双喜临门，又值新年佳节，阖府上下自然欢乐无比。

赵戴文为官清廉，一向有不请客不收礼等家规，虽有可喜可贺的事，又是大年初一，也只是赵府族亲欢聚庆祝而已，而且赵戴文对袁大总统授予他这文人"茂威将军"之荣，有些不自在。北京政府对赵戴文勋劳声绩的评价是："留心兵略，才力过人。太原光复，厥功为多。偕同北征，备尝艰险。谋勇兼资，闳毅有为。"这让赵戴文备受鼓舞，为之感动。但是让他从心底里接受大军阀袁世凯的授予，总是有些别扭。

赵戴文续妻姚松贞
（山西五台樊家崦村）
生有二子五女：
赵宗复、赵景复、赵惠兰、赵若兰、
赵芝兰、赵秀兰、赵玉兰

晚饭时辰，赵府阖家老少陆续向正房走来。家人们在正房客厅摆好宴席用的桌椅，准备举行家宴时，忽从庭院中传来侍从高声禀报声："阎督军驾到！"赵戴文连忙向客厅门走去，刚要掀开棉布门帘向外跨步，阎锡山从外掀开门帘进入客厅了，边进门边高声说："次陇先生啊！你真是有福之人啊！年近半百了，还又喜得贵子！"

赵戴文急忙歉疚地说："你日理万机怎么亲自来了，又是年节，拜年的人又多……"阎锡山未等赵说完就笑哈哈地接着说："袁大总统刚刚授予你'茂威将军'称号，又老来得子，这可喜可贺的事，们理应登门祝贺啊！"

赵戴文忙摆手不好意思地说："不敢当！不敢当！"

阎锡山的到来使赵府上下惊喜交加，室内的人纷纷给都督行礼致敬后恭立两旁，侍从迅速上前帮都督摘下呢帽，脱下黑呢斗篷挂在衣架上，赵戴文

【晋学文化之旗帜人物】

连忙请他坐在上方的椅子上。阎锡山身穿锦缎的长袍、马褂，脚着礼服呢布棉鞋。往上看，阎锡山长方形的脸庞上双眉微翘，沿唇一列短须，坐在椅子上腰板挺直，两手放在大腿上，显示出一种权大势重的威风。

赵戴文虽有不怒自威的气质，但一身简朴的着装，庄严而宽厚的神态，更使人感到他的"长者"风度浓于"长官"气派。两人有明显的反差，但各领风骚。

阎锡山看了看摆在客厅中央的饭桌高兴地说："这是要举行宴会庆贺喜事吧！"赵戴文不以为然地说："嘿，你是知道们的，一向不请客，不摆宴席。今年是大年初一，家里添丁进口，都说要庆贺一下，所以就随大家的意思，举行个家宴。如果阎大都督肯赏光的话，请你在这里吃个家宴吧！"

阎锡山不屑一顾地说："哪的话？你不请们，们也要吃，这是喜庆的宴席，大福大贵的宴席，一定要吃！"

这时家人们陆续将菜肴端上饭桌，赵戴文让阎锡山坐在上座，自己作陪，其余家人中赵戴文叫了自己的二弟、堂侄、长子、次子等男性作陪，其余女眷与孩童们都在厢房设席就餐。

客厅宴席上的人们坐定之后，阎锡山兴高采烈地说："去年袁大总统授们'同武将军'，现在又授先生'茂威将军'，袁大将军看重咱山西哩！"赵戴文的二弟接着说："咱五台真是风水宝地，人杰地灵，一下子出了二位将军，咱阎、赵两家真是福星高照啊！"

第二十八章　激起民愤　护国讨袁

民国三年十一月（1914 年 11 日）日本派重兵将中国青岛的德国人撵走，取而代之。日本不仅占据青岛领土，还将青岛的工商、金融、行政等权夺过去。这可急坏了袁世凯，原来，袁世凯从做皇帝梦的那天起，就准备了大约 2000 万马克的巨款，存在德国在青岛开设的一家银行，如果这笔钱被日本吞去，岂不坏了他的大事。

正当袁世凯叫苦不迭时，1915 年 1 月，日本政府发给他一份照会。他急忙打开，照会是承认他的政府，并且表示全力支持。过了几天，日本驻华公使日置益来会见袁世凯，对袁世凯说："总统阁下，我代表日本帝国政府向您表示祝贺，据我们所知，您正想再高升一步。现在我们日本政府向贵国政府提出一项条款，如果您有诚意地来对待，那我国政府将全力支持您的行动。大总统您看……"听到这里袁世凯精神百倍，心想如果能和日本政府达成协议，不但 2000 万马克可以丝毫无损，当皇帝的外国靠山也找到了。他急不可待的拿过日本公使的条文，一看禁不住浑身直冒冷汗。这条约共为二十一条，共有五号：

一、承认日本享有原德国在山东侵占的一切权利，并加以扩大；

二、延长日本租借旅顺、大连两港和南满，安奉两铁路期限为九十九年，承认日本在东三省南部及内蒙古东部的特权；

三、汉冶萍公司改为中日合办，附近矿山不准公司以外的人开采；

四、中国沿海港湾岛屿只能租借给日本，概不让予第三国；

五、中国政府必须聘请日本人作政治、军事、财政顾问，中国警政和兵工厂由中日合办，日本有在武昌和九江、南昌间、南昌和杭州间、南昌和湖州间的筑路权，有在福建省内进行修铁路、矿山等投资的优先权。

袁世凯看后，连连摇头，支支吾吾地说："这……这等条件，未免……"

日置益冷冷地说："我听说袁大总统是排日派，今日一见，果然不差。"袁世凯神色慌乱地说："不，没有的事，我自受位以来，致力于中日亲善。现在，我更要借重贵国政府的力量……说我是排日派，实在是大大的冤枉。"

日置益听了，进一步威胁说："袁总统，我国政府是'听其言，观其行'的。请您想想，革命党中的孙中山、黄兴等领袖都寓居我国，正积极准备推翻您的政府，如果您能答应条件，我国立刻采取行动，对这些人进行严格限制，何况，袁大总统正想进一步扩展自己的权势，不取得我国政府的大力支持，恐怕难以实现吧?"

日置益的话击中了袁世凯的要害，迟疑半晌，他说："容我召集国务卿开个会再行定夺，您看……"日置益见袁世凯松了口风，便笑着起身告辞。

袁世凯为取得日本政府的支持，实现他的皇帝美梦，加紧游说，使出浑身解数。终于在 1915 年 5 月 9 日，日本公使日置益和中国外文总长陆徵祥正式在条约上签了字。这一天是中华民国有史以来最耻辱的日子。

袁世凯卖国条约的签署，立即在全国各地激起强烈反响，抵制日货游行示威，亿万人高呼："拒绝承认亡我中华的二十一条!"、"还我河山、还我主权!"、"严惩卖国贼袁世凯以谢天下!"袁世凯政府内部也矛盾重重。

由于全中国人民轰轰烈烈的爱国斗争，终于迫使"二十一条"宣告无效。

此时的袁世凯更急不可待地想实现其当皇帝的美梦。以杨度为首组成的六人"筹安会"，通电各省派人来京"参加讨论"。

民国四年十月（1915 年 10 月）北京和各省城同时举行了国民代表大会。

北京的会场坐满了大官僚、名士绅、前清遗老旧臣。每人面前的小桌上都放一个红纸包，上写："奉赠大洋五百，作为参加选举之用资和公费。"红色纸包下面压着两张选票，一张印着"赞成君主立宪"；另一张印着"选举袁世凯为中华帝国皇帝，以国家最高完全主权奉之皇帝于万世"。

代表们心领神会，纷纷在两张选票上签上自己的姓名，心满意足地揣起沉甸甸的纸包散去。各省国民代表是 1993 位，赞成君主立宪的选票正好也是 1993 张。在各省的推戴书上也一致写着："恭戴大总统袁世凯为中华帝国皇帝，并以国家最高完全主权奉之于皇帝，承天建极，传之万世。"这些都是在那沉甸甸的红纸包的"点缀"下出来的结果。

十二月十二日，袁世凯正式称帝，年号"洪宪"。

继而实行洪宪帝制，激起全国亿万民众的愤怒，百业凋零，讨袁呼声一浪高过一浪。首先是孙中山先生发出《讨袁宣言》。十二月底蔡锷将军率先举起护国讨袁的大旗。国民二年二月在青岛成立中华革命军东北军总司令部。北洋军第五师团起义，编为东北军第一纵队，东北军举起讨袁大旗。北洋军在应战时接连失败。

袁世凯政府内部也不太平，陆荣廷在广西宣布独立，江苏宣武上将军冯国璋、山东泰安将军靳云鹏、江西昌武将军李纯、浙江兴武将军朱瑞、湖南清武将军汤芗铭等袁最得力的将军都联名要求"取消帝制，以安人心"。

袁世凯在一个个沉重的打击下一病不起。1916 年 6 月 6 日上午 10 时死去。窃国大盗袁世凯仅当了百余天的洪宪皇帝，带着对人民革命运动的恐惧，对帝国列强遗弃的怨懑，对下属背叛的愤恨，结束了他万恶的一生。

阎锡山便率部下对金永及其军队实行围剿。双方在太原城对峙，架炮于鼓楼和皇华馆楼顶，炮战一触即发。僵持之际，金永知大势已去，只好交出军队，怆然出了山西。

第二十九章　接受委托　狠抓基础

　　袁世凯败亡后，阎锡山瞅准机遇，实现他在山西实行军国主义统治的政治宿愿。外省各军阀派系纷争，请阎锡山的晋军参战，阎锡山为巩固既得地位，打出"保境安民"的旗号，为保山西一方水土的不被侵扰，不参加任何军阀派系的纷争。这使的山西父老得以认可。

　　当赵戴文在军事教育界大展弘图、收到一定起色时，深感国民的基础教育应该努力加强。基于对基础教育重要性的深刻认识，赵戴文向阎锡山进言："国民基础教育为巩固之根本，民众之生命，如同建设房屋，必须有牢固的基础一样……"

　　阎锡山很是赞同，自他执掌山西军政大权之后，赵戴文作为山西都军府秘书厅长、山西督军署总参谋长、将校研究所所长，在山西教育界开展了一系列的卓有成效工作，可以说，在很大程度上稳定了山西的大局。

　　赵戴文的思想理论是："为牢固国之根本，必须思想民众之利益，开展基础教育。"阎锡山打心眼里佩服他的这位辅佐先生赵戴文，他紧紧握住赵戴文的手激动地说："你的教育理论思想们会大力支持，你这是为们在山西树立功德呢。你的教育理论是最值得褒扬的。"

　　为此，阎锡山在省公署动员大会上慷慨激昂地说："……有人说赵戴文总参谋长是一人之下，万人之上的'主'，们在这里告诉你们吧，你们说错了，他是一个永不歇脚，抬'轿子'的人，抬的是咱们山西民众之利益；抬的是咱们山西的治国安邦。们要第一个站出来帮助他抬好这个'轿子'，不知

在座的意下如何呀？"

在座的一些官员们被阎锡山的一番话说得坐不住了，纷纷喊到："我们也要当抬'轿子'的人。"因为他们都亲眼看到赵总参谋长身兼数职，不问家事，忘我工作之精神，心中永远想的是如何建设好山西，如何把山西的教育搞上去，如何维护民众之利益，等等。他们没有理由不向赵总参谋长致敬。

阎锡山看到大家被调动起来了，于是，面带笑容地说："们知道，大家是很有觉悟的。在建国初年时，外省乱哄哄的，你争我斗为争夺地盘打内战，赵总参谋长坐在们身边就是不让参与，让们得罪了不少大军阀，过后一想，是非常对的。从现在开始，赵总参谋长要展开一系列的国民教育的基础工作，稳定咱们山西来之不易的大好局面。们提议：咱们每个人都要勒紧裤带，出把子力，参加到初建工作中去。们要带头，大家在一年内每月拿出薪水的一半用于基础教育建设，因为大家都有子孙后代，你们意下如何呀？"

在座的所有官员们异口同声地喊："同意。"

在阎锡山的宣传鼓动下，会上就形成了决议：削减各方面的开资，拨巨款专门用于基础教育建设。由赵戴文主抓，开始着手实施国民基础教育的各项工作。

赵戴文宣布已拟好的决定："按照国民政府民国元年的学制：小学分初等、高等两级，民国初年改初等小学为国民学校。在民国七年，由山西省教育公署颁行了《山西施行义务教育程序》，要求从民国七年七月到民国十二年二月，全省普及义务教育——凡满五十户的村庄必须设立（不满五十户的须联合设立）国民学校。"

这样一来，需要有足够的师资相匹配。在这种情况下，赵戴文受阎锡山的委托，1918年在太原杏花岭西北面，也就是小北门内，兴建占地面积为24万平方米的学校。整个校园由九万三千八百平方米的校本部、五万三千三百

赵戴文

【晋学文化之旗帜人物】

六十六平方米的体育场、九万五百七十六平方米的农场三部分组成，规划完整、校舍宽敞、设备齐全。

历经一年多的建设时间，在 1919 年 6 月正式完工。校内能容纳 2400 名学生的学习、实习、活动、吃住等等。

由于是以民生教育起源，赵戴文取名为"山西省立国民师范学校"。由赵戴文主持，任第一任校长。

"山西省立国民师范学校"设有教学部、体育场、农场三部组成，课程开设国语、数学、历史、体育、地理、音乐、美术、英语、生理卫生、动物、植物、农艺、军事训练、公民（公民课主要讲授自爱、自治、自尊、自觉以及仁、义、礼、智、信的诠释等）等科目，还设有实习工厂，作为学生开展实践活动的场所。在太原当时中等专业学校中是规模最大的了。

学校的整个建筑物坐北面南，平面呈方形，规模宏大，具有中、西结合的风格。建有西洋式的学校大门，有供学生们集体开会的礼堂，还有歇山卷棚式前檐带廊的二层办公楼，录事室为中轴线，两侧建有图书馆、学生宿舍、学生食堂、实习课堂等等。

山西省立国民师范学校大门

要求每位入学的学生都必须经过严格的入学考试，还从 105 个县里各选送十名品学兼优的高小毕业生，当年共有一千二百零六人，包括太原考进的优秀学生，

这就是第一批"山西省立国民师范学校"的师范学生。

1919年10月，在赵戴文主持下，"全国教育联合会第五届年会"在太原召开，作为山西都军府秘书厅长、山西督军署总参谋长的他为阎锡山在大会上的发言亲拟文稿。文稿讲：

……人群现在已陷于最危险之地位，因政治程度超越教育程度甚远。政体已成为民主，而民实无主之智能；主之者既非民，即失却民主之精神，无民主精神而曰民主，危险孰甚！欲渡此一难关，惟有积极发展教育之一途。

……国民教育为人群之生命，有鉴于此，要把发展教育置于施政之首，予以相当的关注与重视。……其一，当兵、纳税、受教育，为国民之三大义务；其二，欲决胜于疆场，必先决胜于学校。

……所说之教育是广义上的教育，依次分为国民教育、职业教育、人才教育、社会教育。国民教育，专指普及义务教育，亦即基础教育。我认为：振兴教育，譬如建屋，屋之在地上者，人人皆知注重，但能建筑房屋者，皆会讲究。殊不知屋之能否经久不坏，却不在地上之轮奂，全在地下之基础。

……

从这些话语中，足以见得赵戴文对山西国民教育的重视程度。全国教育联合会结束后，山西省为普及国民教育所采取的措施和步骤是：

一、扩充师范学校，培养师资队伍；

二、调查学龄儿童，筹款设学；

三、劝导入学，实行强迫教育；

四、全省分六次普及：

第一次省城，至民国七年（1919年）十月普及；

第二次各县城，至民国八年二月普及；

第三次各县乡镇及三百家以上村庄，至民国八年八月普及；

第四次二百家以上村庄，至民国九年二月普及；

第五次百家以上村庄，至民国九年八月普及；

第六次十家以上村庄，至民国十年二月普及。

后据不完全统计，通过以上措施与步骤，山西全省之内普通小学校逐年增加。到1921年，全省共有普通高等小学校近500所，在校学生约近50000人；男女国民学校19463处，学生人数722156。山西人口逾千万，在学龄者应不下百万。若按此统计数字，国民教育普及率当在百分之七十以上（不排除统计数字中之水分）。

在此阶段还有一种教育在国民教育之上，也是由赵戴文主抓的，就是"人才教育"。所谓人才教育，是"以供给适应时代之行政自治，及社会高等事业之用为主"；是"屋之在地上者也"；是"人人皆知注重"的教育。人才教育对于社会具有不可估量的贡献，"受此教育者，多以谋发展，故社会上皆知重视之"。

出于实际应用的需要，阎锡山对于人才教育的关注事实上较之国民教育更甚。赵戴文为此即按照阎锡山的"用民政治纲目"设立了"育才馆"，培养各学校毕业后之优秀人才，以适应行政及社会事业之用。"育才馆"所招收的人员，不全是应届毕业生，也有已作工之人员，是以"屋之在地上者也"再加以造就、训练之人，以求得人之能力的高素质，来推行全民教育新政和山西行政及经济的建设事业。"育才馆"对人才之塑造、培养，使其成为社会之骨干，各机关主官及重要职员，是民众所向往的。后山西政府行政机关多为"育才馆"所训练者。

第三十章　聘请名流　注重实践

"山西省立国民师范学校"的管理规范有序，纪律制度十分严格，如同管理士兵一样，全校统一作息，平时不能随意进出校门，早晚自习、起床、作息等都要点名，不许迟到早退，这些严格的管理制度，促使学生无杂念，好好用功学习。

学生们考入国民师范学校后，就必须穿统一没有肩章的军服，打绑腿，扎皮带，过着"军事"化的生活。除了上文化课，还得参加野外军事训练。

国民师范的学生穿军装。在老百姓眼里，凡是穿制服的人，都是个"官"儿。太原城里，从此也流传着："自从成立了国民师范，拉洋车的少了一半。"有人说：它是一座"穷人的学校"，又像个军营。校歌也唱到："谈兵术，投笔可从军，奋精神作中流砥柱，公道爱群……"

赵戴文为保证国民师范在教学上的先进性，大力引进西学教育，聘请社会名流授课，还特别从河北请来了一批有学问、会教书的先生，来当教师。在学生学军事课中，赵戴文便从军队中请优秀的高级教官，常来讲课。

国民师范在赵戴文的管理下，过的是严格的军事生活。每天6点起来，学生们跑完步，洗罢脸，就拿起书本，高声朗读，开始学习英语，这是学校规定的早读。7点半准时开早饭，8点准时开课。

有一位从五台县考来的学生叫徐向前，对学习英语很不感冒，被赵戴文发现了，赵戴文就问徐向前说："我的小老乡，你为什么不爱学英语呢？"

徐向前一看赵校长如此和蔼地关心自己，心情放松地说："们听同学说，

学英语是为了出国留学看大海，们从小拾粪、挖野菜，活动的天地就是永安村。离五台山那么近都没去过，没看见过什么大海，只在村边滹沱河里学过'狗爬'。们从没想过会出国留洋。嗯，学徒的时候，只想能到太原玩玩，只想有机会再读书。现在，读书的愿望实现了，们像个饥饿的人，忽然来到摆满丰盛饭菜的餐桌前，们想要大口大口地吞食。可让们学习英语，就像让们吃个没吃过的食物，们感到没有那个必要。"

徐向前朴实的一番话把赵戴文也说乐了，打心眼里喜欢上了这位憨厚而聪明的学生，可赵戴文还是谆谆善诱地说："我的小老乡，出国留学是为了掌握更多的知识，我就是留学日本，学到了国内学不到的知识，并且还开阔了眼界。你学好英语后，也许以后还留学英国呢，就同你自己说的：原本活动的天地就是永安村，只在村边滹沱河里学过'狗爬'，后来呢，也只想能到太原玩玩，可由于你不放弃学习，结果以优异的成绩考进了太原的师范学校，实现了自己再读书的愿望，我看了你的入考成绩单，我想你以后一定会有作为的。"

赵校长的一番话，使徐向前茅塞顿开，当场表示一定努力学习英语，绝不辜负赵校长。

太原古城，有许多古老的传说和历史遗迹，离学校不远，就是双塔寺；出城往西几十里，有出名的晋祠。那里有古老的隋槐、周柏，唐太宗的亲笔石碑，还有许多奇妙的传说。这一切，都不能吸引徐向前的心，他在刻苦努力地学习学校所开设的各门功课。

后来徐向前以优秀的成绩毕业。又在赵戴文的暗中介绍帮助下，去南方广州考取了由孙中山任校长的陆军军官学校即黄埔军校第一期，成为黄埔军第一队的一名学生兵。

国民师范学校还有一个特色的地方就是注重学生们的学习与实践相结合。

学较实行半工半读，以工养学。学校设有工厂、农场，供学生实习。每个班规定种十五亩地，自种自收。

到了春天里，每位学生分一畦校园西边的农地，在课余时间，可以去农地种各种蔬菜、各种粮食。各自翻地、播种、锄草、浇水（专门负责农种的教师，要手把手地教会学生），同学们都学会了勤劳耕耘。在秋天里，吃着辛劳收获的各种蔬菜、粮食，享受着劳动收获的喜悦。还有一个小卖部，出售文具和日用品，由学生轮流经营。

国民师范学校要求学生十五种课程皆优外，还必须通过学习掌握一种工艺产品生产与操作的技能。到1920年以后，学校又开办了职业师资班，建有杂工、木工、织工、纽扣、毛织等厂，添置工厂所需之各种机器一百二十台。所属各厂能制造肥皂、粉笔、蜡烛、靴、鞋、毛笔、桌椅、书架、儿童玩具、毛巾、毛线、布匹、手套、围巾、地毯。从该校毕业的学生，除可从事高级小学教育外，还可以从事社会上的成人职业教育工作。

赵戴文在全校师生大会上，宣布"山西省立国民师范学校"的办学宗旨为："设工厂是为让学生养成其勤朴耐劳的好习惯，并使其知各种工人之甘苦，熟悉各种工艺技术；开设农场是为让学生养成学习农事上相当之技能，俾知稼穑之艰难，促成勤劳之习惯。"

由于是赵戴文主持"山西省立国民师范学校"，所以学校的一些大事都必须由赵戴文直接过问，山西省教育公署也在协助办理。由于服务于国民教育的特殊作用，加上赵戴文的亲力亲维，国民师范学校很快发展壮大起来，迅速成为太原规模最大、最具多样特色的一所师范专科学校了。

后来，"山西省立国民师范学校"的发展不仅拥有初始时的初师班，而且还开办了五年制的完全科和三年制的普通科，又开设了二部师范、体育专修科、雅乐专修科、俄文专修科，等等。

第三十一章　倡导洗心　发表演讲

"山西省立国民师范学校"不仅拥有初始时的初师班,而且还开办了五年制的完全科和三年制的普通科,还开设了体育专修科、雅乐专修科、俄文专修科等。还有一个比较专业超前的科目。赵戴文认为:对年轻人的"心志"培养,有助于其高尚品德的形成。

在主持国民师范期间,赵戴文发挥其所长,大力倡导"洗心"。阎锡山治理山西有一句格言,叫作:"为政当从人心上入手。"这句话的意思是说,精神统御是当权者必须首先注意的问题。可以说,赵戴文从意识形态方面,无意之中做了积极的配合。

对于"洗心",赵戴文可以说是一个积极的倡导者和身体力行的推动者。不仅在国民师范学校设立其课程,而且,由赵戴文牵头组成的一个实施"洗心"社团为"洗心社"。洗心社设于省城太原文庙宗圣总会内,特聘阎锡山担任社长,赵戴文则亲自主持社务。

"洗心"二字的别具一格,省府两位头面人物的担纲主持,社址地点的神秘性,三位一体构成了"洗心社"这个社团的与众不同和特殊地位。"洗心社"成立后,每礼拜(来复日)集会一次。由于其社之宗旨及其洗心理论和思路与赵戴文的一贯主张一脉相承,也由于他是社中实际的主持者,所以几乎每会必到,并不时发表演讲,讲"良知",讲"至善之心",讲"明明德",讲"为人群求乐利,为社会谋安全"。提倡"公而忘私,国而忘家"。……赵戴文在这里找到了宣传自己政治主张和人生哲学的讲坛。

　　阎锡山到文庙大成殿明伦堂向"洗心社"全体成员发表演讲。他说："洗心社开幕以来，创始诸君办事之热忱，鄙人素所钦羡。'洗心社'之宗旨，尤为鄙人所极为赞成。"又说："'洗心社'为吾人自己求学之地。既非邀誉，又非植党。必须认定集合之大宗旨以求己之学，方无谬误。"

　　赵戴文在讲学中解释："心，为何要'洗'？心即理也。理无所为不善者。何必洗？盖以吾人之心有二。一曰道心，一曰人心。虽下愚不能无道心，虽圣人不能无人心。理质气质纯之分，在斯五官百骸嗜欲所寄，饮食男女圣贤所同。书曰人心惟危，道心惟微。后天形体用事，人心发达，嗜欲日深。幸有道心为之宰，或不至横决恣肆。然道心恒微弱而不足束缚人心。如树木之繁枝杂出不受束缚，人心擅天君之权，则必日见其危。道心微妙，是以辨别理之是非，嗜欲锢蔽之，而其明乃音。今所谓洗心，乃洗其人心之渣滓，以恢复心之本体也。"

　　人们听之，实感人有存善之心，随时把心中之邪恶杂念去除，方能作一善者。有人提问："赵先生，请您为我们解释如何'洗心'呢？"

　　赵戴文耐心地解释："如何'洗心'呢？即用'道心'洗人心。所谓'道心'，即儒家之道。"赵戴文用摆事实的方法说："则出我中国古圣贤之经籍谟，格言懿训，周孔心传，程朱道统，陆王学说，等等。即可对人心之谬误所在痛加洗伐，渐可复其原状。俟污秽尽罄灵台清朗始。足以主宰一身。而天地之气象为之一变，人人之皆服从道心，天下其太平矣。"

　　赵戴文一面以"行儒者之所行"为自己立行处事之准则，且又特别强调学而致用，言行统一。他生平于书无不窥其奥，尤喜治论孟学庸及易书，特精孙子，并提倡纪效新书。凡发于言，必反躬以实践。

　　赵戴文在"洗心社"第二期集会讲演时说："……诸君惮劳悴，莅此社而互相研学问非徒托诸空言也，也要须实有所求，以寡其身心之过耳。吾

人本体之良心,如新苗焉,必养之,以畅其天机。吾人私欲之伪心如黠贼焉,必防之,以遏其人欲。存养者,存养此良知良能也。洗涤者,洗涤此狡猾之黠贼也。孟子祛此贼心,功夫最厚,解释真心,贼心之理亦最明。如今人乍见孺子将入于井,皆有恻隐之心,即真心也。一心以为有鸿鹄将至,思援缴而射之,即贼心也。孟子工恐人误养此心,故特以为譬。惟此片时恻隐之发现于天良者,转瞬而又为人欲人之贼心所蒙蔽,如纳交要誉恶声是也。是以须时时操持存养,使太和元气充满方寸,贼心自无隙可人……"

凡"洗心社"集会,赵戴文几乎每次必来主持和讲演。而每次所讲,并不多言,只结合社会人情实际,用圣人伦理道德之语阐发一种道理,树立一个观点,以求人学或戒忌。如第四期集会时,他主要在阐述孔子"三十而立"和孟子"先立乎其大者,亦立此主宰也"的道理,并劝人要学大禹"闻善言则拜"和子路"闻过则喜"的高尚胸怀。

"洗心社"全体学员合照

　　由于"洗心社"是一种纯属研究儒家学问的社团织织，所以赵戴文要求各讲师和学员在讲学中"必须本于经书，方可有所依据。各人有所见地，附加按语于其后，以备参考。吾人讲学，首宜对于经书加以深切之研究，始可有所心得"。

　　赵戴文主持"山西省立国民师范学校"长达6年，他不仅宣传自己的政治主张和人生哲学，而且以身作则、身体力行。对此举一例即可证明。大约在二十世纪20年代的后期，他由儒学皈依佛法，影响所及，国民师范学校高师部因此而开设佛学课程。

　　国民师范学校在当时的山西是有相当地位的，培养出来的学生几乎遍及山西政府各个部门，赵戴文亦因此被官场中人尊崇为"先生"。

第三十二章　秘密换文　引发学潮

民国七年十一月(1918年11月11日)欧战结束了。巴黎和会召开前,美国总统威尔逊发表了国会演说,提出殖民地的处置,应顾全各殖民地居民的利益,而且大小国家都要互相保证政治自由和领土完整。这样,中国作为战胜国之一就有权收回被德国占领的土地,因而人们对巴黎和会抱着很大的希望。但日本代表在会上提出极其荒谬的无理要求:欧战结束前,德国在中国的胶州、青岛的特权,包括铁路矿产海底电缆等一切动产和不动产以及筑路开矿权均将无条件归日本所有。日本之所以能提出这种无理的要求,是因段祺瑞上台后仍充当日本走狗。在1918年9月派驻日公使章宗祥和日本政府交换了"山东问题的秘密换文",使得日本在山东占有的权利超越了德国。

在和会上,日本代表就是以"山东问题的秘密换文"为借口,提出无理要求。巴黎和会成了列强们的分赃大会了,于是同意了日本的无理要求,而段祺瑞的代表陆徵祥也准备签字认账。这一卖国行径很快被留日学生披露,通电全国。

1919年5月2日,济南3000名工人集聚在北岗子举行讲演会,要求收回青岛。3日北京国民外交协会开会,决定在5月7日召开国民大会,通电全国各地各界共同行动,阻止北京政府代表的签约。

1919年5月3日晚,北京大学法科礼堂里挤满了学生,除北大全体学生外,还有北京高师等校学生们。北大学生代表邓中夏站到讲台上说:"同学们,不能再等待,段祺瑞政府是个卖国政府,只会讨好日本主子。明天下午一点各校到天安门前集会,举行学界大示威,直接唤起民众,制止签约。同

学们，我们要掀起一场'五四'爱国运动的大浪潮。"

经过一上午的准备，在 5 月 4 日下午一点，北京大学等 13 所大专院校 3000 多名爱国学生，汇集到天安门城楼下，像潮水般地涌向外国使馆区——东郊民巷。他们高呼"还我山东"、"保我主权"、"外争国权，内惩国贼"、"拒绝和约签字"等等。

当游行队伍被使馆区的警察拦阻时，学生立即转向赵家楼找老牌卖国贼曹汝霖算账。

赵家楼曹公馆挤满了人，诛卖国贼曹汝霖、章宗祥、陆宗舆的怒吼声震天动地。正巧，曹汝霖和章宗祥两人刚从总统府饮宴回来不久，二贼吓得面无人色，体似筛糠，战战兢兢地溜到后院大墙下，企图越墙逃走。曹汝霖在四个仆人的帮助下越墙逃走，章宗祥不敢翻墙，正急得团团转时，被冲进来的学生发现，一把揪住，痛打起来，打得章宗祥跪地求饶。

学生痛打了章宗祥，但没有抓住曹汝霖，心头怒火难平，放火便把曹府烧了。

爱国学生痛打章宗祥，火烧赵家楼，北京民众无不拍手称快。但北洋军阀段祺瑞竟下令逮捕闹事学生，抓走 30 多名。这更激起北京民众的抗议。第二天，北京街头出现了"北京市民宣言"的大幅标语"支持学生的爱国行动"，"要求集会和言论自由"。陈独秀、李大钊等亲自撰写声援学生的文章。北京大学开始罢课，并通电全国各界，请求声援。上海、天津、济南、南京、武汉、山西等城市的民众先后集会，抗议政府，声援学生。上海工商界率先罢工罢市，抵制日货。工厂工人罢工、汽车抛锚、铁路和码头瘫痪，"五四"爱国运动向全国各地扩大。

"五四"爱国运动的中心由北京转到上海，运动已主要由学生转成工人，全国性的反帝反封建运动迅速形成。北京政府为形势所迫，不得不免去曹汝霖、章宗祥、陆宗舆三人的职务，释放被捕的学生。

在山西太原，山西大学的学生们联合太原女子师范学校的女学生们上街游行，山西大学的学生代表马铎站到高处，向游行队伍、过路来往行人宣传："……卖国求荣的段祺瑞政府，把我们山东省出卖给外国列强，我们作为华夏后世子孙，要站出来，与卖国贼抗争到底！"并带领游行的学生们高呼"还我山东"、"保我主权"、"拒绝和约签字"等等。

孟石兰是师范女学生和政法习院女学生的代表。她勇敢地跑上了高台，同马铎同学站在一起宣传说："这位同学讲得非常好，现在我再为大家补充一些：我国本是战胜国，有权收回被德国占领的山东省的胶州、青岛的土地及特权，但日本代表却在巴黎和会上提出极其荒谬的无理要求。欧战结束前，德国在胶州、青岛的特权，包括铁路矿产、海底电缆等一切动产和不动产以及筑路开矿权，均将无条件归日本所有。日本之所以能提出这种无理的要求，就是段祺瑞上台后，仍充当日本走狗，和日本政府交换了山东问题的秘密换文。使得日本在山东占有的权利超越了德国。日本代表就是以山东问题的秘密换文为借口，提出无理要求。而段祺瑞的代表陆徵祥正准备同日本签字认账呢。大家说，我们华夏儿女能答应吗？"游行队伍中的大学生和师范生都高声喊道："我们绝不答应！""打倒卖国贼段祺瑞。"

太原城在两校学生的积极宣传中，5月7日，各行各业的人们群情激昂地展开罢工、罢市、罢业、罢课，在海子边召开大会，高呼"誓死收回青岛"、"取消二十一条"等口号，用实际行动声援北京学生的爱国动动，并举行太原各行各业联合示威大游行，马上全城处于停顿状态。阎锡山要下令逐散游行队伍，而赵戴文持反对意见说："我坚决支持'五四爱国运动'，中国人该长些志气了，不能总是受外族之侵略，虽然眼下秩序乱些，但你没看到吗？段祺瑞政府为全国性的反帝反封建运动迅速形成的形势所迫，不得不免去曹汝霖、章宗祥、陆宗舆三人的职务，释放被捕的学生。你没有看到国家的命运岌岌可危吗？"

第三十三章　召开会议　探讨山西

公元 1905 年，中国近代民主主义革命的先行者孙中山先生，在日本东京领导成立"中国同盟会"，被推为总理，制订"驱除鞑虏，恢复中华，建立民国，平均地权"的革命纲领，创办《民报》，提出"民族、民权、民生"三民主义。1911 年 10 月 12 日辛亥革命武昌起义，推翻了腐朽没落、摇摇欲坠的清朝皇权统治。山西太原积极响应，在 10 月 28 日爆发辛亥革命太原武装起义，一举夺取统治山西的政权，阎锡山任督都，入主山西督军府。

民国时期山西督军府大门

山西督军府始建于北宋初期，迄今已度过一千多个风雨春秋。千余年来伴随着改朝换代，历经沧桑、屡经修缮、改建和扩建，一直为山西的政治中心，决策者的府第。院内有一座人造假山，在明代时，此地方原为巡抚衙门

存煤之处。张之洞出任山西巡抚时，为了使衙门形成北高南低"有靠山"的风水格局，使之官运旺盛长久，特差派劳役，堆土造山，筑起高九丈、东西宽九丈、南北长二十七丈的假山。

山中建有"当仁洞"、"随缘洞"，最下层是仿卷棚四阿顶、四角加盖亭式角楼，名为"邃密深沉之馆"，馆名是张之洞亲笔所题。二层有亭，亭墙园门上方刻有"启明"二字。取自《诗经·小雅·大东》"东有启明、西有长庚"。"启明"，星名，即金星。黎明见于东方叫启明，意为迎朝。黄昏见于西方叫长庚。

煤山正面的小路旁镶嵌刻石"发华"二字，意为迎夕，即夜间赏月之意。正面山腰"当仁洞"，洞顶端石壁上有清嘉庆年镌刻的高 3 米的"虎"字大碑。洞壁上嵌有乾隆二十二年（1757 年）御临的五言《兰亭诗》五首。山顶建有西式四层钟楼一座，还在山上种植了一些梅花树，后名之曰"梅山"。

阎锡山入主督军府后，在原基础上再度从左、右、后三面积土叠石，扩大加高，建成东西有山脉的山景园。可阎锡山觉得"梅山"中的"梅"字之同音字"霉"的组词"霉气"，有晦气之意，故改"梅山"为"进山"。山顶部的钟楼也改称为"进山钟楼"。

民国时期的"进山"钟楼

何为"进山"？其意取自时任督军府秘书总监、参议总长的赵戴文所推荐的《论语·子罕》篇中"譬如为山"的"山"字，"进吾往也"的"进"字，合而言之，则含有"前进登高"之意。"譬如平地，虽覆一篑，进、吾往也"，其意义是：比如平地堆土造山，开始只是倒一筐土，但

坚持下去，就能成山。借以激励后人努力奋进。还有另一层意义是"改进"山西，使山西"进步"。

扩建后的"进山"园林东西宽约十丈八尺，南北长三十六丈，占地面积约六亩多，山间有数条小路，皆置石阶可攀登而上，山顶上的"进山钟楼"置有自鸣钟，每到正点，震耳的钟声清晰可闻，传至很远、很远。

阎锡山对改为"进山"二字很是满意。民国八年（1919年），阎锡山下令把"进山"中的"邃密深沉之馆"，更名为"自省堂"。督军府东侧，原为巡抚衙门的内花园，后由阎锡山改为其私人花园，称东花园。在东花园的东北部，存明代布政司衙门旧址。

二十世纪初，世界政局风云变幻，激烈动荡。1914~1918年的第一次世界大战，几乎席卷了整个欧洲；1917年的俄国十月革命，在世界资本主义体系的不完善中，诞生了一个社会主义。中国的知识分子们也开始深入探索新的民主主义道路。1919年中国爆发了闻名于世的"五四爱国运动"，振荡着中国崇洋媚外的当局。

面对新的世界潮流，在政治上极其敏感的山西主宰者阎锡山，作出了一个迅速的反映，这就是"怎样对由资本主义的弊病，而造成的共产主义潮流"进行防预，进而要提出一种介乎于资本主义与共产主义之间的"适中"的制度。于是，召开了以"人群组织怎样对"为中心议题的"进山会议"。

"进山会议"的直接导火线是一批旅居苏俄的山西商人被驱逐回国之事件。晋省自古有着经营理商的遗风，明清时，晋商几乎遍及全国各省，更有涉足国外者。在沙皇统治时代，晋人行商已遍布欧亚。十月革命后，苏联实行集体化，被视为商业资本家的一些侨民自然列入了驱逐名单。

1921年4月初，阎锡山接到东三省巡阅使张作霖电告："由莫斯科驱逐回国之山西侨民已到哈尔滨，因无路费返家，请派员携款接回。"

　　旅俄山西侨民的返晋，及其对苏俄社会制度政策的大力渲染，使早已对所谓"过激主义"持抵触态度的阎锡山，从统治者个人的立场出发，敏感地意识到，"苏俄所提倡的共产主义之理想的共产制度，实有甚于不可实现，如果没有一个适当的方法以求对策，之势力蔓延，终将会成为世界人类之大患"。

　　阎锡山在苦恼之中，找到他称之为先生的赵戴文寻求对策。赵戴文听完整个过程义正词严地说："资本主义有剥削与被剥削的弊病存在，而共产主义要按那五位代表'苏俄怎样统治人民'的书面报告的说法，我看中国现在还不合适去效仿。我个人以为，具有高级思维的人类，应该按照各地域、各民族的风俗习惯、生活行为方式，谋求一种比较适中的制度，以消除因制度形成的不合理性给民众带来的痛苦，让不法分子无机可乘。一定要为本民族创造出长治久安、祥和、幸福的政策制度，这才是一个国家决策人的英明，山西切不能盲目效仿。"

　　阎锡山眉目舒展地竖起大拇指操着五台话说："先生就是先生呀，让们几天来是百思不得其解。你是做甚了，不早些些对们说道说道。"

　　赵戴文微笑地说："几天来，看到你阎大督军是愁眉不展，以为又看什么事不顺眼啦，正想问你呢，这不，你阎大督军倒找上门了。"

　　阎锡山打着手势，示意赵戴文坐下说："次陇先生，快说说咱们应该咋办呢?"

　　赵戴文沉了片刻略加思索地说："俗话说'三个臭皮匠，合起来能成为一个诸葛亮'，群策群力能实现大的作为呀。"

　　阎锡山赞同地说："好! 们要调动一切可以调动的力量，来探讨探讨这个世界性的'主义'问题，讨论讨论咱们山西的治理方法，好让们少犯错误。"

因此，阎锡山于 1921 年 6 月 21 日，在督军府进山的"自省堂"，召集了文化、教育及政界所谓"社会贤达"24 人会议，进行对策讨论。即"进山会议"的首次会议。

会议以苏联"由于资本主义之剥削劳动民众，故演绎出一个共产主义出来，而共产主义是控制人民生产、生活。现今世界上形成两个极端，就世界人类说，应该形成一'适中'的制度，以求滋润幸福人类的生活，一方面去除资本主义之剥削，另一方面免遭共产主义之控制"为中心议题，展开讨论。

大会开幕式上，阎锡山宣称："时当炎热，拟暇进山与诸公集会一堂，开人群问题讨论会，借以消暑，想诸君亦乐为也。"大家点头面带笑容地热烈鼓掌。阎锡山做一停止手势继续说："咱们研究题目如何呢？鄙人拟了一道题目如下：'人群组织怎样对'。至于研究之方法，鄙意吾辈当放胆为之，不要管过去历史如何，不要管世界各国现象如何？只要在我们心理上研究真理。诸君认为这个问题可否能讨论？请先解决。还有就是如何展开讨论，咱们先研究出大致的办法，日后再开大会，供多数人讨论。"

大会主持赵戴文，面带一脸轻松的表情等阎锡山说完，便站起来微笑地同大家说："今天到会的二十四位都是咱们山西的学界精英、仁人贤达。就阎省长所提'人群组织怎样对'的题目，请大家一定要大胆畅所欲言，这里专门安排两位秘书做记录，过后再整理。大家的讨论发言不必追求什么文言、章法的精彩，就如同谈家长里短，怎么思想的就怎么说好了。"

参加大会的各界人士便开始了热烈的讨论。时任山西省博物馆馆长的柯璜，在与会者的热烈讨论中首先发言说："以山西而论，有土地、有人民、有政权，遇此世界上的政治、社会各问题亟待解决之时，我们当然是应该讨论。至于讨论结果，我们这群人能否解决，解决的是否恰当，似不能由我们少数人专断，只好平心观察，就阎省长提出的'人群组织怎样对'之题目，

从人生观上讨论，不实为以科学实际研究的态度，期于简易实行，我以为大家不必采取多么高深的哲理去推敲。"

阎锡山接过柯璜的话茬说："是的，柯馆长的话很有道理，就如同咱们赵戴文参议总长所说的'家长里短'。可们前一段时间在'洗心社'与赵参议总长学到一些关于人的理论，实感很有道理。们给大家念一段：'人是有理性、有欲性、有精神、有物质的一个生活物。按吾东方文化，看的人之价值甚高。号为三才之一，二五之精。人与天地合德，人为天地立心。唯其认人之本位如此其高也，故最尊崇人道主义。见以为人群虽大，总之皆人同此心，心同此理，能了解一人之心理，皆可推知人群之心理。试看人未有不想生活者，未有不想得好生活者。究竟如何能使人人都有好生活，就消极方面言之，即己所不欲，勿施于人之谓。若就积极方面言之，如何能使自己有好生活，而并使他人亦有好生活。如何能使吾之人群有好生活，而并使他人群亦都有好生活，此即己所立而立人，己欲达而达人，成己成物之谓也。过去圣哲对此持论，有所谓理想国者。如何而能有实现之理想，如何而能得人世之天堂，是在吾会之研究耳。"

第三十四章　发扬国学　狠抓教育

"进山会议"开到第二年时，也就是 1922 年，关于"教育问题"，在"进山会议"中是一个特设的大项目，因为全省人民文化教育的修养提高是涉及到全省的方方面面，为此，与会人员扩至三百余人，有相当一部分是边远地区的文化贤达仁士，甚至只是农村里从事基层教育的小学教师。

讨论最为热烈的当数以赵戴文为轴心的关于"教育问题"在全省如何全面开展。赵戴文在大会的讲演中认为："……教育须道、艺并重，不可偏废。我这里说的'道'是学问之意，'艺'则是一个人生存所必备服务社会的才能、技艺。教育我们的子孙后代接受文化知识，在这教育上就要树立：打破机械教育，提倡心灵教育；打破资格教育，发达实用教育；打破'委的'教育，实施源的教育；打破虚浮教育，发扬本面教育；打破课本教育，力行创造教育；打破欲性教育，普及理性教育。"

人们在赵戴文停顿时议论纷纷。是的，这是赵戴文从事教育工作二十多年来对教育事业中所存在的一些问题和近年来在社会用人做事方面所产生的一些弊端的归纳总结。

赵戴文微笑地说："大家都是文化人，深有体会，请畅所欲言吧。"

一代表站起来说："我从小学习文化知识就是靠死记硬背走过来的，长大参加工作后，好像才开始从头学习做每一件事情，心想我早几年干什么了，选择学习了一些虚浮的东西，在实际工作中很难用上，是不是我们今后的教育能同职业挂钩？"

一代表站起来说："我来自边远山区的隰州，我的儿子考入'山西省立国民师范学校'学习已有两年了，我感到他变了一个人，以前在家乡时，为了学习知识，是什么农活也不会干了，壮壮实实的小伙子不会干农活，我就心想了，这是我农家子弟吗？可是在'山西省立国民师范学校'里不仅学习了文化知识，还学会了种蔬菜、种粮食，我们做家长的没有教会他应掌握的技能，而在学校为他补上了这一课。每个假期回到家乡都主动帮助家里做农活，还指导我们种蔬菜，让我这做父亲的很欣慰。"

又有一代表接着话茬站起来说："我是太原人，我的孩子是在去年考入'山西省立国民师范学校'学习，回到家里同家长说，学校实行理论与实际相结合，有实习工厂，让学生们把学到的文化知识，付逐于实践，等等。我认为这样培养出来的学生真正能做到学以致用，对国家、对个人都很有好处，我是非常赞成。"

代表们七嘴八舌地在不停地议论。又有一代表打着让人们停止议论的手势说："众位，众位，请听我说两句，我想问赵戴文参议长，您在咱们山西教育界是位旗帜人物了，又是'山西省立国民师范学校'的首任校长，当时在创办'山西省立国民师范学校'时，您一定有很多想法吧，请您为我们大家谈谈。"

赵戴文马上摆摆手微笑地说："不敢当，不敢当，大家太抬举我了。是的，在1918年初建'山西省立国民师范学校'时，我是有很多想法，因为我也同大家一样，从小接受国学文化教育；稍有点外国的见识，就是出国留学，学到一些西方的文化理念；还有从事教育工作二十多年来，我所感受到的、看到的一切的一切，今天罗列出六条。请大家注意，这六条，并不是对我们现有教育的否定，而正是在肯定我们接受一些西学文化的基础上，要克服一些不良因素，把我们的国学文化来发扬光大，造就子孙后代文化修养健康向

上发展。"

赵戴文以自问自答的方式继续说:"还有,什么是理性教育?就是以人格利益为体,以知识技能为用者。那什么是欲性教育?就是以知识技能为体,以资格利己为用者。理性的教育制度,是为人群全体的,愈发达愈好;欲性的教育制度,是为一个人自身的,愈发达愈坏。中国之能否达到真富强文明,教育制度,不可不注意及之。"

有位边远地区的代表站起来说:"我来提一个边远地区存在的问题,就全省而论,教育很不均衡,在省城的时龄孩子能接受到系统教育,而边远地区、山区的孩子就很难与省城的孩子相比,尤其一些困难家庭的孩子,天资也比较聪明,可就是不能及时得到正规化的教育,这个问题本不应在此会议上提出,但是我想山西省开展义务制普及教育,提高民众的文化教育水平,就必须是涉及到方方面面、角角落落,要不就是省城的学校要增加,扩大对边远地区、山区优秀学生的招收量,尤其是对那些天资比较聪明的困难家庭的孩子,应给予免一切费用上学。我就提这些。"

赵戴文认真地听完边远地区代表的发言后站起来说:"这位代表的提议我领受了,我会尽最大努力向省政府及教育厅建议就以'为救济天资聪慧学行皆优之贫寒之子'为名,在省城太原创立一所中学,我们要全力以赴地把全省天资聪慧学行皆优之贫寒学子,都招收进来,为我省培养出优秀的人才。这位边远地区的代表,您满意吗?"

全场掌声响起。

第三十五章　集资入股　创办私学

　　赵戴文在开完"进山会议"研究关于"教育问题"的当天晚上，就伏案起草关于"为救济天资聪慧学行皆优之贫寒之子"的提案。上午的研究会议久久地在赵戴文脑子里萦绕，始终放不下的是那位边远地区代表的发言，联想自己从小到大的求学经历：父亲在经商时，不慎被商界竞争对手设局，致使被涉讼监押县署，在人为刀俎，我为鱼肉的情况下，母亲为营救，用尽家中所有积蓄，才救回了父亲，以至于后来没有钱给自己交学费上学。

　　就在赵戴文面临人生道路中因此要葬送学业之际，恩师田丹臣先生拿出他两个月的全部俸禄，为自己交上学费，才免遭挫学之苦。还有自己每次人生道路上的迈进，都离不开在努力接受文化教育后，赶上了一次次机遇。一步步接受文化教育、知识，才使他走到了今天。

　　摆在赵戴文面前的"为救济天资聪慧学行皆优之贫寒之子"事，使他想起自己的当年，毫不犹豫地要伸出援助之手，全力以赴地去帮助那些与自己类似求学经历的学子们。为此在大会上没有征得阎锡山的同意，就承应此事，后实感越权。但又想到自己做法很对，就暗暗下决心一定要把此事办成。

　　赵戴文写起关于"为救济天资聪慧学行皆优之贫寒之子"的提案来，由于有正确思想的指引，所以用词拟句是格外理直气壮、得心应手。在提案的最后，赵戴文提出在太原创立一所专门以救济天资聪慧学行皆优之贫寒之子的学校，就以"进山"名为。望山西省署及山西省教育厅给予批准为盼。

　　第二天一早，赵戴文拿着提案直接交给阎锡山，抱歉地说："对不起，

阎省长，我先斩后奏了，看在交往多年的分上，敬请原谅。"

阎锡山认真看完关于"为救济天资聪慧学行皆优之贫寒之子"的提案后面带笑容地说："们的先生呀，这是一件好事呀，们还要敦促速办呢。"便在提案首页纸的右上角用红笔批："山西省教育厅敦促速办，阎锡山。"

赵戴文喜形于色，但又有些犹豫地说："就是教育经费难以解决，还有学校选址问题……"阎锡山打断赵戴文的话："教育经费问题，们来解决，校址吗，就在咱省政府东北边步弓街的'外国语言学校'那里，怎样？"

赵戴文眼睛发亮地说："对呀！我知道'外国语言学校'占地面积可不少哩，有许多不同规格的院落。"赵戴文想了想说："嗯……有大小房屋279间呢。阎省长，你说教育经费问题，你来解决，是什么意思呢？"

阎锡山十指交叉举臂于脑后，伸着懒腰微笑地说："就兴你心血来潮、突发奇想，就不兴们有些些思想活动吗？们在想，就兴你先生在教育界大展弘图、冲锋陷阵的？们也要过把办学之瘾，做一回大校长。确实今年没有政府所拨教育资金，那们就挑这个大梁，创办一所私立学校，咋说？"

赵戴文双手拍着阎锡山面前的桌子高兴地说："好啊！我的阎大校长，您放话吧，我会全力以赴地做您的坚强后盾，就比照国民师范的规格创办一所中学，如果以后有规模了，还可向北京政府申请创办一所'进山'大学。"

阎锡山高兴地用他那大手用力拍着大腿说："先生真是把们抬上了'夫子'的位置了，过去只认为自己是一武士，现在，哈哈，在你先生的引导下，们要正儿八经地做回传世之举，先生你这是为们树碑立传了。对了，们要来个集资入股办学，就请先生在咱省政府范围内给们号召号召。"

阎锡山说到此时随手按了一下铃让人进来。马上有一位秘书进来，说："阎省长有何吩咐？"阎锡山说："去，把这份提案速送省教育厅去。"

赵戴文说："我也要去一趟呢，我还要在厅里研究一下实施方案呢。"

第三十六章　录取优等　培养人才

以"为救济天资聪慧学行皆优之贫寒之子"为名而创办、以阎锡山为名誉校长的"进山学校"成立了。坐落在太原市步弓街的"外国语言学校",由于学制单一,报考人数极少,被迁往坝陵桥阎锡山别墅东花园的一座小二楼内。所以整个步弓街校址被整体翻修,通过六个月的整理已是焕然一新。新建了一些办公室和一部分教室,作为补充校舍的不足。礼堂正在筹建中。

根据此校的布局结构,赵戴文很有创意地决定:办公室、教室一律以全省名胜为名,定为:北台、崛嵋、龙门、晋祠、双塔等馆。

由于原有的房屋布局,是由许多不同规格的院落构成,所以学生寝室称为"区",一区一院,按当时的行政区一律取名为太原、五台、大同、平阳、潞洲、祁县、平遥等九个区。还设有以省份命名的寝室:西藏区、蒙古区、新疆区、大连区、威海区、香港区等等,目的则在于教给学生全省以至全国的区域平等,融合民族大家庭的概念。

在赵戴文及校董事会各位董事们的协作努力下,1922年9月23日"进山学校"正式开学,招收来自全省各地的高小毕业品学兼优的贫寒学生二百多人,分为五个班,学校每月支领经费大洋1300元。第二年春季,阎锡山又将山阴县14700余亩土地拨给"进山学校"作为校田,学校聘请秦永林任农场经理员,负责经营管理,当年以生地每亩七十文,熟地每亩一百三十文,出租给当地农民,"植树,务农"等等,以此项收入资助学校开支。

"进山学校"比照"山西省立国民师范"的作息时间,平时不能随意进出

校门，早晚自习、起床、作息等都要点名，不许迟到早退，这些严格的管理制度，促使学生无杂念，好好用功学习。

这些品学兼优的贫寒学生考入"进山学校"后，穿统一没有肩章的军服，打绑腿，扎皮带，过着"军事"化的生活。所开课程大致同国民师范差不多，除了上文化课，也有一些军事训练课。

"进山学校"设校长一人，那就是当之无愧的阎锡山了，赵戴文任学监，可赵戴文在"山西省立国民师范"当校长，重头戏还得"唱"在国民师范。为此聘请北京高等师范学校毕业且已有十年教育工作经验的赵一峰为校务主任，聘请学识渊博的王怀奇为校务副主任，其实就是让二位主任主持学校的日常工作。阎大校长是名符其实的"甩手掌柜"。他只是在省政府工作累了，就让司机开小车送他到"进山学校"绕一圈。阎锡山一来，搞得学校上上下下兴师动众。

在学校最初还设有四个股：劝学股、考查股、秩序股、图书股，另设体育会。学校未设专职职员，一切庶务工作，均由服务生承担，也就是贫寒学生们利用课余时间来承担。亦未设医疗室，因离省政府很近，学生、老师患病，均由省政府军医到学校代为诊治。

1923 年度，所招来自全省的贫寒优秀学生有所下降，只招收了 109 名，定为进一班 22 人，进二班 21 人，进三班 44 人，特设班 22 人。可有很多学生也想就读"进山学校"，这些学生大部分是省政府官员的子弟们，因为他们知道"进山学校"所配备的教师，都是一流的，别看是新成立的私立学校，可是有阎锡山省长这块"金字招牌"，就是学的不好也有名气。甚至一些官员的孩子已在别的学校就读了，还想转到"进山学校"来。

面临这种局面，学监赵戴文与阎大校长商量后决定：

1. 为保学校所招学生的整体水平素质，入学学生都必须通过严格的考试。

2. 比照同类中学的收费标准，收取学费和一切学杂费。

省政府官员们的子弟纷纷报考，通过高于其他中学的严格考试，只录取了81名学生，官员们的子弟考上的很少，赵戴文的儿子赵宗复，虽年龄最小，但名列前茅。这让赵戴文及全家人非常高兴。

宗复是凭自己从小好学和父亲的引导考得好的成绩。赵戴文上街买了二斤牛肉专门庆祝宗复考上"进山学校"，这让父子俩的关系拉近了一些。在宗复的印象里，爸爸一天就是忙外边的事，很少照顾自己及家人，在宗复初学时父亲对自己的学习很重视，可后来一忙起工作来，连父亲的影子都见不到，于是在宗复心里对父亲有了一点距离。说起这事，与阎锡山还有一定关系。

阎锡山出门是很讲究的，非常注重自己的外表。有一回，宗复在街上同小朋友玩耍，远远看见阎锡山头戴着高筒将军帽，身穿笔挺的军制服，双肩佩戴的肩章上金光闪闪的缨穗来回摆动着，胸前的绶带与勋章五光十色十分耀眼，武装带上还挂着短剑，前后左右有许多卫士簇拥着。阎锡山昂首挺胸，威风十足，脚下发出咯噔、咯噔皮靴的声响。可一不小心，踩到一个石子，崴了一下脚，阎锡山便呵斥起卫兵，并打了卫兵一个耳光。

阎锡山生活完全靠人服侍，连穿衣服也很少自己动手，他的五堂妹经常为他系纽扣，有时候则是侍卫长与副官为他料理。有一回开大会，阎锡山的衣服没有扣，有人递了张纸条到主席台，建议阎锡山把扣子扣好，阎锡山看后大怒，对着扩音器说："们的生活由侍卫长负责，他没有尽到责任，这是他的失职，让他罚站，自己打嘴巴。"侍卫长张逢吉，这时正好在台下，他只好苦着脸在台下自己打嘴巴，才算了事。这件事正好被偷偷看大人开会的宗复看到（因为赵家就住在省府的自省厅不远）。

阎锡山的这些事让宗复幼小的心灵非常震撼：以权压人，不把别人当回

事。父亲与此人还是好朋友呢，宗复心中非常纳闷，父亲教育自己行为要守礼仪，心存仁爱等等，可眼前发生的与此完全不一样，就这样宗复无形中对父亲也有了一些看法。

"进山学校"本来是阎锡山挂名办起来的学校，是为培养效忠于自己的人才苗子，可建校第二年，即 1923 年进山学生纪廷梓就秘密加入了社会主义青年团，不久又加入了中国共产党。接着社会主义青年团进山支部秘密诞生。开始在学生中宣传反帝反封建以及马列主义思想。后来邓初民、何雁秋等共产党员被聘请来校任教，学生中陆续有人加入 CY、CP 组织（CY 是当时对社会主义青年团的称呼，CP 是对当时共产党的称呼）。

1925 年"进山学校"建立了党组织，1926 年成立了中国共产党进山中学支部。共产党员、进步教师在课堂内外向学生传播革命思想，课余时间同学们秘密阅读各种进步书刊。一些诞生在世界和中国革命的新文化、新潮流冲激着"进山学校"，学校转而成为孕育具有新文化、新思想的青年的摇篮。

邓初民知识渊博，学问高深，任赵宗复所在进五班的指导。邓教员与宗复十分投机，交往多日后，邓初民介绍宗复读《中国大革命史》、《共产主义ABC》，并说："读完后一定能大获教益。"

第三十七章　重整旗鼓　改编军校

再说赵戴文所主持的"山西省立国民师范"。1924年，有薄一波、梁其昌、韦思恭、纪秀川等首先参加了中国共产主义青年团，秘密创办了党、团的外围组织"青年学社"和"青年墙报社"、"国语辩论会"等十余个以共产党员、青年团员为核心的群众团体，成为宣传革命的阵地和联系青年的纽带。

山西的共产党、团组织建立后，在当时国民大革命的浪潮中，领导着全省轰轰烈烈的工人、农民、学生运动。尤其是在1925年四五月间，反对阎锡山加强军阀统治、大搞扩张军备的"反房税运动"，在全省造成了极大的影响，被称为"山西学生干政第一次"。

但这样的浪潮，在太原国民师范学校却被人为杜绝。因为时任国民师范总干事的徐一鉴实行高压统治，规定凡是国民师范的学生，不许谈论政治，不许进行三人以上的集会，不许秘密组织团体，不许随便同外校人士接触，更不许参加一切政治活动，如有违反，轻则停止学业，重则开除出校，等等。

同年10月份，薄一波、梁其昌、韦思恭、纪秀川等人在国师建立了第一个团支部，掀起了一场"打倒徐一鉴，赶走班主任，成立学生会，参加省学联"的学潮。纪秀川率领数百名学生去捉拿徐一鉴和他的担任各班班主任的一批法西斯党徒，但他们已经闻风而逃，未能抓获。

第二天，国师学生自治会又推选薄一波等代表去向赵戴文校长请愿，书面提出确认学生会合法地位、不准借故开除学生等四点要求：

1. 废除总干事制，改为校长制；

2. 改班主任制为学监制；

3. 承认学生联合会；

4. 不准借故开除学生。

赵戴文虽为一校之长，既没有对学潮采取对立的态度和施之高压政治，也没有对徐一鉴等加以庇护包容，只是如实地向阎锡山作了汇报。阎锡山在赵戴文的劝说下，看赵戴文的面子，同意了学生的四项要求。但阎锡山对赵戴文说："次陇先生，你太仁义了，到后来你会害了自己的，和学生讲什么合理不合理。"

其实阎锡山是在内心隐隐感到一种恐慌，怕赵戴文被某某主义给联络过去，他成为孤家寡人了，因为赵戴文为学生们的事如此上心地劝说自己，这不得不防备。于是阎锡山说："将校研究所下属的"学兵团"，自荣鸿胪任"学兵团"校长后，您可是给们大撒把了，现在们看在教育及训练上都有下坡趋势，们想让您这将校研究所所长来个重整旗鼓，你看咋样？"

赵戴文明白阎锡山的用意，便说："可以，等把手头的工作告一段落，我选一名适合接替我校长工作的人选。"阎锡山满意地点点头说："次陇先生，你可不要多心呀，们的身边不能没有你的帮助支持，们这一辈子也离不开你。"阎锡山说完愉快地走了。

赵戴文此时的心里是疙疙瘩瘩的，十几年来在全省的教育工作上没日没夜的拼搏努力，换来了一个"不放心"，可以赵戴文的秉性，他不会露出半点怨言，只是尽快把手头的工作捋顺了，尽快选一位能胜任国民师范校长的人来接替他的工作。

有一个参加爱国学生运动的学生叫王世英，被学监徐一鉴开除了。1925年赵戴文秘密通过自己同孙中山先生和黄埔陆军军官学校的关系，介绍王世英报考，8月王世英凭借在国民师范学习的功底，顺利考入广州黄埔陆军军

官学校第四期学习。

还有一位进步学生程子华也是在学潮中崭露锋芒，被视为恐怖分子。可赵戴文了解到，该学生国学课非常出色，并善演讲。赵戴文此时不考虑什么"主义"，他以爱惜人才出发，秘密为其联系，程子华考取黄埔军校武汉分校。

赵戴文安排了这些后，心里平坦了许多，感到一丝慰藉，在自己任校长期间，学生们是应该得到保护的，一切政治倾向与接受教育无关。

办完手头一切缠手的事务后，赵戴文选定在政治上比较开明、学识渊博的赵丕廉担任第二任国民师范校长。赵丕廉热心于教育事业，既能团结学有专长的各类教员各尽其职，又许可学生们的各种社团活动。因为在"五四运动"周年的纪念会上，国民师范的进步学生的行动有触犯当局规定而被处置或被通缉者，赵丕廉都设法保护、营救。所以赵戴文选此人为校长，心里想的就是一切为了学生。

1926年，在赵戴文的主持下，"学兵团"改为"山西军官学校"，正式打出了军官学校的牌子，使其名实相符。

山西军官学校，系在原学兵团的基础上改编而成，校内科目，除原有步兵外，又增设骑、炮、工等科，计有四科。科下设队，将原学兵团第2、3期学兵，编为步兵两个队，骑、炮、工兵各一队，专授军事术科，规定二年毕业，毕业后充任部队中下级军官。

同时，在校内又附设了炮兵速成班，召集现任炮兵部队中之排长及中、下士等共300余人，编为3个队，授以炮兵初级干部应具备之炮兵学术知识，培养了一批专业炮兵干部。后晋军以炮兵实力强大著称。

1927年6月，阎锡山正式悬挂，就任"北方国民革命军总司令"，参加北伐。遂将"山西军官学校"改称"北方军官学校"。原山西军官学校学生，

一律改为北方军官学校第一期生。同时扩大招收新生一千五六百名，并保持原步、骑、炮、工四科不动。

还成立"山西陆军辎重教练所"，主要培养军队中从事后勤之人员。教练所以朱绶光任所长，以宁钊为教育长。招收高小毕业生及部队中具有同等学历的士兵为学员进行训练，学期两年。所内所授科目有，步兵典范令、辎重勤务、兵站业务以及战术、筑城、地形、兵器、马学、卫生等简要教程。

阎锡山接受欧亚洋行法商之建议，以留法之杨如圭为校长，创办"山西航空预备学校"，拟为晋绥军培养航空人才。学员有军官教导团保送而来者，有从山西军官学校挑选而来者，有从社会上招收之中学毕业者，共计60名。校内主要讲授：航空学、无线电学、气象学、测绘学、照相学以及飞机原理等课程。学校成立时，山西仅有英国造爱佛罗教练机两架，德国造容克运输机一架，又新从法国运回海陆两用飞机两架。学校成立后，又从英国购回毛斯教练机六架。对学员进一步施行高级飞行训练。

第三十八章　成立政府　任职南京

　　此时在中国进行了多年的军阀混战。南北和谈是一边打，一边谈，毫无结果可言的，实际上是各军阀们为划分地盘、争权夺利而展开的你死我活的打斗，最苦的要数老百姓了。这是在凌受了外来帝国主义略强的瓜分，变得千疮百孔的中国母亲的机体上再次的践踏和凌辱呀！到"五四"青年爱国运动爆发后，南北和谈彻底破裂，这更加剧了军阀混战。

　　1927 年 3 月北伐军攻克了上海与南京。4 月 14 日，国民党中央执监委员蒋介石、胡汉民、吴稚晖、李石曾、张静江、邓泽如、陈果夫等在南京举行二届四中全会预备会议，并致电武汉：15 日开四中全会。由于武汉方面执监委员未到，改为谈话会。谈话会决定：取消武汉国民党中央党部，成立南京国民党中央政治委员会和军事委员会；建都南京，成立国民政府；取消武汉国民政府；取消跨党分子党籍。蒋中正准备实行"清党"。

　　4 月 16 日，蒋介石主持召开中央政治委员会与军事委员会联席会议。推选谭延闿为政治委员会主席，蒋介石为军事委员会主席。4 月 17 日，南京国民党中央政治会议决定：加派萧佛成、蔡元培、李石曾、邓泽如、何应钦、白崇禧、陈可钰、陈铭枢、贺耀组 9 人为政治会议委员；推选胡汉民为中央政治会议主席。4 月 18 日成立南京国民政府。在成立大会上，发表《国民政府宣言》，声称："在此国民革命急速进展与民众热烈盼望国民革命完成之时期中，政府谨遵总理（孙中山先生）遗志，接受多数同志之主张，依据中央政治会议决议，于四月十八日在南京开始办公。南京地位在党务

上、政治上、军事上、地理上均较武汉重要，定都以后，本政府领导国民革命与建设民国之责任愈益重大。"并宣布"国民革命之方略"四条："一曰使革命军愈与人民密切的结合；二曰造成廉洁之政府；三曰提倡保护国内之实业；四曰保障农工团体之利益并扶助其发展。"

南京国民政府采取委员制，蒋中正、胡汉民、张静江、吴稚晖等十二人为政府委员，中政会主席胡汉民主持国民政府，蒋中正为国民革命军总司令，吴稚晖为总司令部政治部主任。政府各部门设有：秘书长（钮永建）、财政部长（古应芬、钱新之代）、外交部长（伍朝枢）、民政部长（薛笃弼）、司法部长（王宠惠）、大学院院长（蔡元培）。

在内政部长的人选上，南京国民政府颇费一番脑子。阎锡山近年来集聚了庞大的实力体系，这让南京国民政府非常重视山西。为此，特任命阎锡山的"诸葛亮"赵戴文为内政部部长，还特设国民政府土地司司长一职，由山西留学日本回国的经济学、法学双学历博士马铎（字木斋）担任。

阎锡山接到这份调任函后有一种无名的空虚感，不让去吧，那就是公然同南京政府对抗，让去吧，这不是在釜底抽薪吗？你南京国民政府任命谁不好，非要把我的军师调走！阎锡山在独处考虑时，不觉潸然泪下……

离到南京政府上任的日期只有两天了，阎锡山只好无奈地把调任函拿给赵戴文看，赵戴文也很感意外，一看日期是八天前发来的信函，便问阎锡山："怎么不早些同我说呢？"阎锡山哭丧着脸用颤抖的手指着赵戴文高声地喊到："难道让们像娘们一样与你次陇先生抱头痛哭吗?!"

爆发后的屋里，像死一样寂静……

分别的日子终于来临，阎锡山亲自用车把赵戴文送到火车站的站台上，赵戴文和马铎便上了开住南京的火车。阎锡山和赵戴文始终没话，当火车起动的一刹那，望着对方的那双眼睛都湿润了。

第三十九章　走访农村　撰写长联

1927 年 5 月 23 日，赵戴文、马铎及孟石兰坐在了开往南京的火车上，赵戴文和马铎及孟石兰早在八年前就认识了。民国八年，山西省教育总署由赵戴文牵头发出对"国学"之"阳明学说"理论体系的深入研究学习。"阳明学说"提出"心即理"、"知行合一"、"致良知"的三大纲领性哲学命题，并给予创造性的发展，对僵化的"程朱理学"理论体系予以批驳。

当时，马铎即将大学毕业，他对"阳明学说"作过深入的研究，并以"阳明学说"为命题来创作毕业论文。"阳明学说"的哲学思想，就是"天下无心外之理，无心外之物""心者，天地万物之主也，心即是天"。意思是说，认为天下一切事物无不依赖于人的主观意志（即心）而存在，整个自然界和人类社会中的一切事物都是主观意志"心"的表现——"人的良知就是草木瓦石的良知，若草木瓦石无人的良知，不可以为草木瓦石矣。它以草木瓦石为然，天地无人的良知，亦不可贻误天地矣。盖天地万物与人原是一体"。

马铎就此命题，对"阳明学说"以论文的形式阐明人在天地万物中占最重要的位置，而人的心，也就是人的思想是主宰整个万物世界的。马铎并以此联系到当今世界上中国发生的重大事件。无一不受人的主观能动性的变化而变化。此理论又谈及中国今后的发展方向，并且还大胆提出中国要想成为强国，不被外国侵略所欺负，那就必须学习外国的先进技术，不能闭关锁国，虽然我们有五千年的文化文明史，但要传承发扬光大，就必须取其精华去其糟粕，同时学习其他国家的先进经验，来发展壮大中国等等。这就是以人为

本，主宰变化中的万事万物。中国人要自己主宰国家的命运。

马铎的论文以学说联系实际，谈到现今中国的现状及如何改变。大学导师读后非常欣赏，并推荐给所有的大学生们阅读，导师为马铎的论文批的评语是："该学生的思想见识高，具有非常强的爱国思想，并有引领时代发展之方向，是位干大事的有为青年志士。"导师还把马铎这篇非常有现实主义的论文作为"楷模论文"送交山西省教育总署。

牵头并主抓对"国学"理论研究的赵戴文，看完论文后非常赏识，脱口而出："真是国家的栋梁之才。"于是特批马铎公费留学日本，到日本最优秀的大学——东京大学攻读政经学。马铎得到了这个通知，很高兴。自己就跑到孟石兰家把这一消息告诉了孟校长和石兰。此时孟步云的女子师范学校也接到山西教育总署的二名公派留学名额。条件就是选择学习最优秀的，具有先进爱国主义神精的进步青年女学生到日本攻读教育学，学制三年。

孟步云同校董事会的董事们研究决定：在官立女子师范学校、速成师范女子学校和女子政法学院，进行一次摸底性质的各科成绩的大考试，筛选出国留学的学生。试卷都判出来了，但谁也不知道哪位学生考试的情况，因为试卷上的学生名字全部密封着。最后一关就是由五名老师一起启封，启封后，大家一看，第一名孟石兰，第二名曹秀如。校董事会当场就决定：孟石兰，曹秀如出国留学日本攻读教育学。这两名女学生在学校也是非常爱国的进步学生。

马铎、孟石兰在"五四"青年革命运动讲演大会上，作为发言代表而认识，后二人在出国留学日本前为方便喜结伉俪。

事隔八年此景仍历历在目，如今又要并肩去南京工作，同去的还有当年赏识自己、学识渊博的山西学界中的领袖人物赵戴文先生，这让马铎信心十

足。

第二天赵戴文、马铎到南京政府报到任职，赵戴文是马铎的顶头上司，两人办公室紧挨。赵戴文、马铎接到南京政府的工作任务，就是遵照宋庆龄的部署，欲实现孙中山先生"平均地权"、"耕者有其田"的主张。他们查看并翻阅了很多有关土地方面的资料，马铎走访农村调查执有土地者和众多耕作者。

执有土地者和众多耕作者他们之间的关系：一种是雇佣和被雇佣关系，另一种关系是耕作者租赁执有土地者的土地来耕种，秋后交"租子"。执有土地者和耕作者是两个阶层的关系，甚至是对立的关系。这两个阶层有太多不可调的矛盾。执有土地者是绝对不会轻易放弃自己的土地权，永远不会把所有权交给一无所有的耕作者的。所以孙中山先生的"平均地权"、"耕者有其田"的政策在当时是没有办法执行下去的。

任内政部部长的赵戴文和任土地司司长的马铎访问了家住南京的宋庆龄女士。自孙中山先生因肝癌病逝后，宋庆龄女士忍着巨大悲痛，继续完成孙中山先生的遗愿。

赵戴文、马铎通过几个多月的摸底走访、调查研究，向南京政府如实报告情况。报告书最后写道：如果政府要执行"平均地权"、"耕者有其田"的政策，那就是要开展轰轰烈烈的土地革命斗争，把大部分土地从执有者手中收回，由国家所有，进行再次分配，耕者向国家交租纳税。这必定是一场非常艰巨的运动，是你死我活的斗争。

南京政府，就是以官僚、军阀、地主豪强们组成的，是绝对不可能革自己的命，绝对不会轻易放弃自己手中的权力和利益。因此赵戴文、马铎的上书建议报告便没了下文。一些大官僚们对他们也产生了看法。赵戴文对马铎说："大约咱们的直言上书触动了一些官僚地主豪强们的利益了。产生看法，

这是必然的。"

赵戴文、马铎几个月来的辛苦工作，在政府要员那里得到的印象是不识时务者，虽然这些要员们大多都是当年孙中山先生在世时的追随者，可一旦革命革到自己头上就不干了。赵戴文、马铎认清这一点后，马上调整自己的工作方向，把各地耕者交租不齐的现象，根据土地的好坏分为三等。统一标准后以政府名义下发通知：今后持有土地者的收租，不得高于政府所规定的统一标准，地主们所收的粮食必须先平价充实国库。不许私囤粮食，更不能搞"霸盘"，来搅乱市场，还必须给耕者留足口粮，遇到灾年、荒年政府要给耕者一定的口粮补贴等等一系列政策。这一折中政策的提出，得到南京政府上司的认可，矛盾对立的势头随之平息了。

南京政府对赵戴文、马铎拟定的政策法令表示支持，并很快发布，在全国推广，这样国库的粮食充盈起来，耕者的口粮也有了一定的保障。赵戴文、马铎利用比较折中的办法缓解一些豪强们的敌视，虽然根本达不到孙中山先生追求的目标，但也一定程度地制约了地主们对农民的残酷剥削。同时国库粮源得以充实，保证了耕作者的基本生存条件，鼓励了耕作者努力多种庄稼多打粮食。

宋庆龄对赵戴文、马铎这细致入微为国为民的工作作风，感到很满意。这也是逐渐向好的方面发展的开始，有利于国家的安定团结，虽然与孙中山先生所倡导的"平均地权"、"耕者有其田"的政策相差很大，但毕竟是向前迈进了一步，促进了社会的发展。尤其是基层耕田者有了基本的生活保障了。

民国十七年（1928年），南京政府下令重修了位于南京莫愁湖畔的"胜棋楼"。作为南京政府军事委员会主席的蒋介石，爱学着文人舞文弄墨，便下令为"胜棋楼"征联，要求是反映中国近代历史的"天下第一长联"。

作为内政部长的赵戴文，具有深厚的中国对仗撰联之文化底蕴，对于中

国近代的历史之脉络发展是了如指掌，于是撰得共 226 字长联：

上联：千年王气西来，酿成戎马干戈，纷如奕局；任虎踞襟严，龙盘带险，燕矶舟泊，牛首烽传；尽教天阙厘巇，神符烁异，徒资霸主以野心耳！城上石头，撼不动铜驼迷梦；问围棋太傅，悬蠡周郎，历代英雄，而今安在？只赢得危楼一角，凭吊斜阳；世运转洪钧，旷观函夏方洲。庆党治方昌，抚槛高歌革命曲；

下联：万里长江东去，淘尽豪华绮靡，空付吟笺；况金莲舞歇，玉树歌残，桃叶迎归，柳枝唱罢；漫道风怀旖旎，隽语缠绵，岂非亡国之末俗耶？波间凉月，照无端锦瑟闲愁；想争博齐姬，应图卫后、六朝佳丽，毕竟难存！仅留它青水半奁，曾窥艳影；南都兴雅化，净洗零膏剩粉。祝女权柄耀，满湖开遍自由花！

　　蒋介石及南京政府的达官显贵们读完此联后，无不赞叹唏嘘，实感自愧不如。前一段时间给个"硬骨头"就去啃的山西"土老冒"，有如此惊人之举，真当刮目相看。

第四十章　登楼赏联　器重戴文

赵戴文到南京任职，对家里来说没有什么变化，因为他在太原省府时也是一天不着家，干在哪，就吃、住在哪，只是在周日回家，还常常被阎锡山请去商量讨论工作。多少年来，为保境安民，使山西不受各路军阀们的侵犯骚扰，开办了众多的军事学校，培养出一大批懂战略、会作战的军事人才，分布于山西省各周边地区进行防御。后有论者在谈到赵戴文的建树时称："晋绥军将校多出其门也。"不仅如此，就是晋绥军的团、营，甚至到连、班的基层军事干部都出自其门。

再说到"山西省立国民师范"，那真是赵戴文五年来苦心经营的结果。山西省教育公署颁行的《山西施行义务教育程序》，要求从民国七年七月到民国十二年二月施行义务教育，赵戴文为达到其目标，为弥补全省缺少师资力量的状况，创办了"山西省立国民师范"，并迅速补充了以乡村为单位的国民小学、中学，甚至一些私立教育学校、职业学校等等。使山西省国民义务教育得以顺利实施。

再说到"进山学校"的创立，没有赵戴文在"进山会议"上先斩后奏的自作主张，很可能"进山会议"一结束，"为救济天资聪慧学行皆优之贫寒之子"的主张也就烟消云散了。虽然是阎锡山当校长，可"进山学校"的创建工作赵戴文是全权受理，使学校能在很短的时间里，发展壮大起来，成为一流的中学。

其实这心底最想见赵戴文的除家人外就是阎锡山了，他在赵戴文走后深

感孤独，深感没着没落。在这时正好接到蒋中正的电函说：约伯川兄到南京莫愁湖畔的"胜棋楼"赏"天下第一长联"。阎锡山看后是非常高兴，放下手里的工作，偕夫人徐竹青去南京。

阎锡山及夫人前呼后拥地抵达南京后，受到蒋中正等人的亲自迎接和南京政府的盛情款待，这让阎锡山心存惬意。当赵戴文出现在他面前时，阎锡山不由得起身快步走到赵戴文面前，紧紧握住手说："次陇先生，可让们想死你了，咋说，在这里还习惯吗？"

赵戴文面带微笑地说："有啥不习惯的，我好将就。这么多年了还不了解我吗？再说这里的生活一点都不差，和在家一个样，就是看不到我的宗复，心里有点想念。"赵戴文说完神情有些暗淡。

阎锡山握着赵戴文的手始终没有松开，此时放大嗓门说到："们要同姓蒋的好好说说，让他放人……"

赵戴文赶紧打断阎锡山的话说："我无关大事，可不能……"

阎锡山甩开赵戴文的手，用他那大手指指划划地说："们也是独霸一方的主，'我为鱼肉'？没门！……"

此时，门外传来待卫的报告声。阎锡山出火地喊："进来！"待卫说："二位长官好！十分钟后，蒋委员长陪二位长官去南京莫愁湖畔的'胜棋楼'赏'天下第一长联'。"

赵戴文微微笑出声来。阎锡山侧头撇了赵戴文一眼说："次陇先生，咋说？你倒把'皮球'放了气咧？"

赵戴文还是微笑着没有解释，上前推着阎锡山说："请夫人一起去吧，散散心。"

阎锡山知道夫人身体不适便没好气地说："她不能去。"说完一屁股坐在沙发里。

外边的待卫报告说："车子已备好。"赵戴文眼睛看着阎锡山，朝着门口的方向摆了一下头，阎锡山无精打采地站起身来和赵戴文一同出门上了车。

说到阎锡山的夫人徐竹青，人很贤慧，就是没多出过门。蒋介石一再传令下去，各后勤主管，一定安排好阎锡山及夫人的起居饮食，不得有误！所以一看阎锡山、赵戴文走了，就留夫人一人在公馆，饮食后勤主管殷勤地轻轻敲门，在屋外轻声说："夫人想吃些什么？"屋内传出五台乡音："们不饥。"饮食后勤主管又轻轻地回："好了，夫人。"

饮食后勤主管回去马上搬出所有的菜谱、食谱，寻找这个"们不饥"，翻到第八本了也没找到，急得他满头大汗。后来他又向大厨师请教，大厨师也不懂，说："从来也没听说过此菜名。"可立在旁边的一位小帮工说话了："俺是山西来的，'们不饥'是说我不吃的意思。"饮食后勤主管听完后，像泄了气的皮球，一屁股摊坐在那里。

蒋介石请阎锡山、赵戴文到南京莫愁湖畔的"胜棋楼"赏"天下第一长联"，有两个原因：一是要当着阎锡山的面夸赞一下赵戴文渊博的学识，因为他清楚了这位老学究所具备的横溢才华，同时也是对赵戴文一个交待，所撰长联已刻在"胜棋楼"上了；二是要让阎锡山看到我蒋某人如此器重赵戴文，让阎锡山放心，其实这里暗含着很多很多不便说的内容。

倒是蒋介石在征"天下第一长联"时，没有想到这位具备文韬武略的、被他蒋某人当初视为"人质"的赵戴文，给了他一个很好的机遇，让他把阎锡山这个山西的"土黄帝"牵制得如此游刃有余而又不乱方寸。

第四十一章　拆阅邮件　顿开茅塞

　　此时的宗复心里非常想念父亲，以前一天里总是看不见父亲，可晚上在他睡觉后，闭着眼睛，蒙眬中父亲推门进来，总会用他那温暖的手摸摸自己的脑门，然后轻轻地退出。每次他都带着这被关爱的满足顺利进入梦乡。可现在，妈妈、姐姐们更加关心自己，但那双温暖的大手竟成了少年宗复每日晚间睡梦中的奢望和失望！

　　在宗复想念父亲睡不着时，就拿出邓教员借给自己的《中国大革命史》、《共产主义 ABC》来读，可是有些读不懂。有一次在课堂上，邓教员还给同学们讲述了北伐战争节节胜利的情况，又联系讲孙中山先生的三大政策及新三民主义等，同学们听后非常兴奋，下课后热烈地讨论着眼前的大好形势，憧憬看到国家统一、社会安定、民族强盛的美好未来。宗复此时的心里更加想念父亲，想到父亲到南京任职，是为了国家统一、社会安定、民族强盛，不由得内心产生一种光荣的自豪感。

　　忽然有一位同学说："阎督办①是辛亥革命的元老，怎么不响应北伐？如果他和冯玉祥并肩作战,同北伐军南北夹击,就会更快地消灭……"一个年龄稍大的同学打断这位同学的话，打着手势。大家围拢过来，他悄悄地说："他算什么革命元老，他比军阀还军阀，辛亥革命时，他以投机取巧掌握了都督大印，袁世凯是窃国大盗，可咱这位阎大都督也不善，立马宣布退出'同

---

　　① 段祺瑞在北京执政后，将各省督军改为督办。

盟会'，一再向袁世凯谄媚，还再三上奏表请袁当'皇马褂'①，曹锟贿选，咱的阎大都督是慷慨解囊，送上大笔钱赞助。其实，他才是真正一心想着扩充自己的地盘，增强实力的大……""有人来了！"在门口的同学悄悄喊，众同学散开。

"训导主任好！"在门口的同学大声问好。训导主任点点头走过了教室门口。

过后教室里又恢复了议论，懵懂的宗复不由得说："去年，我爸爸在时，有一个人常常来和我爸爸谈话，听说是武汉政府派来的代表，就是来和阎督办商量北伐之事的。"

还是那位年龄稍大的同学用挖苦的语气说："咱们的阎督办大人聪明得很呢！等着吧！北伐取得更大的胜利，各路军阀垮台的时候，阎大督办就会摇身一变举起'革命'的大旗了。"上课铃声响了，同学各自回到自己的座位上。

在"进山学校"始创时，赵戴文的办学宗旨是"为救济天资聪慧学行皆优之贫寒之子"。而阎锡山则将计就计，利用公款，挂以私立之名，目的是培养不可告人的、效忠于自己的人才。两人的思路不同。

可让阎锡山没有料到的是在建校第二年，即1923年进山学生纪廷梓就加入了社会主义青年团，1924年转入中国共产党。担任太原团地委书记。秋季，他和张叔平、傅懋恭（彭真）建立了太原第一个中国共产党太原支部。同年，纪廷梓赴广州参加国共合作国民党第一次代表大会。1925年6月，又代表山西省学联出席中国共产党在上海召开的第七次全国学生代表大会。与此同时接，社会主义青年团进山支部在"进山学校"诞生，开始在学生中宣

---

① 人们鄙视皇权、皇帝的别称。

传反帝反封建以及宣传苏俄马列主义新思想。

纪廷梓在学校学习优秀，担任学生会主席。在学校演出《孔雀东南飞》话剧时，他扮演焦仲卿，高才成扮演焦母，张霭扮演刘兰芝，赵宗复因为年龄小扮演的是刘兰芝的小姑，表演得非常感人。四位同学在表演中充分反映了在中国封建社会里，刘兰芝、焦仲卿二人为情而死的家庭悲剧，深刻揭露了封建礼教的吃人本质，热情歌颂了刘兰芝、焦仲卿夫妇忠于爱情、反抗压迫的叛逆精神，抒发了人民群众对爱情婚姻自由的热烈向往。

宗复通过演出《孔雀东南飞》话剧同纪廷梓及一些进步同学的接触，思想发生了很大变化，他加入了社会主义青年团。

有一天，宗复在爸爸书房里发现一大捆寄给罗任一先生的报刊、信件，都是尚未拆封的。罗任一是武汉国民政府派来与阎锡山联络的代表，阎锡山先让赵戴文与罗任一接洽，一直不肯直接与罗见面。外地寄给罗的报刊信件，都寄到赵府由赵戴文收转。因为罗任一在辛亥革命中是追随孙中山先生的，他来山西也是直接找赵戴文的。直至蒋介石成立南京政府，阎锡山下令赶走了罗任一。一时没有来得及转给罗的邮件，都留存在了赵府。

宗复出于好奇，拆开一份看，越看越被这些材料所吸引。特别是看到了《中央日报》发表的郭沫若揭露蒋介石叛变孙中山先生遗愿、叛变革命的文章时，他十分愤慨。宗复在其中还看到共产党的一些政治主张。于是宗复同纪廷梓说了此事，纪廷梓让宗复把材料陆续拿到学校来，和同学们一同看。狄承青、武宝善、张琦等共产党员都争相借阅，宗复有些问题不懂，他们就给他解释。学习了这些材料，宗复对中国社会，中国革命的性质、任务等许多问题有了更清晰的认识。

第四十二章　协调蒋阎　制止内战

众所周知，"北伐"结束，成立南京政府后，蒋介石思想迅速膨胀，以孙中山先生的忠实学生、追随其遗志为名，不能听任各军事集团坐大，企图通过"编遣"会议，削弱异己势力，在军事上把各路"诸侯"统一在所谓的"编遣"之中。而这又是各实力派"诸侯们"所不能接受的，首先就是冯玉祥、阎锡山等等。所以，"编遣"会议没有了结果，不得不再动干戈，引发出一场举世闻名的"阎冯倒蒋"的中原大战。

在中原大战之前，蒋介石对赵戴文在南京任内政部长，备受重视，从1927年底到1929年8月近两年的时间里，赵戴文先后接受了南京国民政府的一系列任命：1927年12月9日，选任国民党中央特别委员会委员；1928年10月8日，任国立北平故宫博物院理事；1928年12月4日，任赈灾委员会常务委员；1928年12月13日，特派晋察冀绥赈灾委员会委员；1929年1月，任导淮委员会委员；1929年2月9日，特任国民政府国防会议委员；1929年3月，国民党三大选任第三届中央执行委员；1929年3月，国民党三届一中全会增选中央政治会议常委；1929年8月29日，推选赵戴文任监察院院长（继蔡元培之后）。

蒋介石看到"编遣"会议很难尽快达到"削藩"的目的，于是又利用身兼国民党政府党政军要职的权力，冠以"中央"的名义，对各地实力派分别兴师问罪，以便削平"山头"，取得蒋家的一统天下。这样便激发了各路军阀们的不服情绪。

于是在 1929 年 2 月，蒋桂战争首先发生；接着，蒋冯反目，蒋介石以"银弹"分化西北军，并下令革除冯玉祥的一切职务；是年底，讨伐唐生智之烽火再起。在此期间，阎锡山虽然左右逢源，上下周旋，力图自保，但是亦难免有唇亡齿寒之感。在蒋介石的步步紧逼下，犹豫再三，权衡得失，反反复复，终于树起了反蒋大旗，积极准备联合冯玉祥、李宗仁，与蒋介石一战。

源于几十年传统文化熏陶的赵戴文，思想深处有着浓厚的爱民意识，新军阀之战致使大半个中国又处于战火连天之中，生灵涂炭，山河破碎。加上晋察绥豫陕甘旱情严重，这就更加重了人民的灾难。赵戴文怀着平息战乱、维护国家统一、拯救人民出水火的心情，在南京政府任职一年半的时间里，虽要职迭膺，面临众望，仍勤劳事政，处处洁身自好。

赵戴文除竭力做好本职工作外，还承负着沟通蒋阎之间以及阎冯蒋之间的政见分歧和调解他们之间错综复杂矛盾的责任。尤其是为协调蒋阎之间的关系而付出的心血与做出的成效，更是一般人所不能代替的。

赵戴文不愿意阎锡山"称乱"犯上，更不愿意战火扩大弥漫，尽其所能止乱息争，消弭战患。故在此期间，赵戴文不厌其烦，竭力做阎锡山的工作。1929 年 4 月 9 日，赵戴文由南京电报阎锡山，对其"偕冯出洋"表示赞同；同年 9 月 30 日和 10 月 5 日赵戴文又就此事两次电报阎锡山，剖析时局，晓以利害。

1929 年冬，唐生智联合阎锡山反蒋，太原已盛传其事。可过了不几天，阎锡山突然来了一个一百八十度的大转弯，在太原张贴标语，大造反对唐生智的声势，这个戏剧性的变化，是由于赵戴文专程由南京赶回，力劝阎锡山不可助唐反蒋，而要与该组派断绝关系，助蒋讨唐。

冯玉祥的专使薛笃弼此时来太原见赵戴文陈述联唐倒蒋意见。赵戴文没有听其讲完，就怒气勃发，从座椅上站起来，把一个细瓷带盖茶杯，猛掷于

地，大声喊道："你们要害阎伯川哩。"在屋内走来走去，怒气不息。薛笃弼又说："冯司令无意为自己，为的是阎先生。"赵戴文大声说："打了唐生智再说。"

1930年初，阎锡山开始与蒋介石"电报论战"，战事如箭在弦，一触即发。赵戴文在南京日夜焦虑，夜不能寐，多次谈话表示："我不忍看见中国再打内战。如果再打内战，我就要跳长江。"南京各报大字刊登。随即，赵戴文携蒋介石的亲笔信再回山西。

在太原，赵戴文与阎锡山进行了一次不愉快的谈话。两人一见面，赵戴文便声色俱厉地责问阎锡山："听说你要'造反'，有这事吗？"阎则表现得心平气和，不紧不慢地说："次陇先生，你干什么这样大的火？坐下来慢慢地说，关于讨蒋的事是大家的意见。"

没等阎锡山说完，赵戴文就接上话茬说："总座（指蒋介石）率军北伐，已成功地统一了中国，威信已孚。他是政府，你们都是他的部属。你要领头打他，这不是造反吗？"说话间，贾景德与薛笃弼有事找阎。一进门就撞到枪口上了，被赵戴文劈头教训道："我听说全是你们怂恿总司令造反，以后你们再说，我要打你们的头。"慑于赵戴文的威望，贾与薛都不敢做任何辩护，只好不声不响地退了出去。

贾、薛退出后，赵戴文继续原来的话题，语重心长地说："全国人民都很厌战，希望过太平日子，你这样做就不怕挨天下人的骂吗？再说我在南京一年多，深知蒋的内部已经成了铁桶子，军队力量也很强大，你以为你联合的人不少，其实都是乌合之众，这些人见利则争，遇害则避，打起仗来，哪能靠得住？你要打蒋，不是自招失败吗？联络你的那些人，不是流亡政客，就是失意军人，你能听他们的鬼话吗？"尽管赵戴文语重心长，动之以情，晓之以理，阎锡山只以一言相对："你被蒋介石收买了。"

说得赵戴文好不伤心，掩泪而去。这是赵戴文、阎锡山自1905年在日本相识相知、相濡以沫、相互提携、生死相助以来第一次发生政见分歧。

赵戴文辅佐阎锡山主政近二十年，可以说，在一些大问题及看法上，由于赵戴文的光明磊落、坐正行直，只要是他提出的，一般都能得到阎锡山的认可，二人基本上能达成一致。这一次意见相左至此，世人都感意外。

在说服不了阎锡山的情况下，赵戴文也没有重返南京，南京一再请任，而赵戴文还是继续留在太原，深居简出、闭门谢客，开始精治儒学经典。在博览群史的过程中，又发现佛典之深义，于是更潜心于佛学典籍，在宗教领域里，积极地进行哲学探索，乃悟出儒佛之共性。

赵戴文不幸言中了。"流亡政客"、"失意军人"的"乌合之众"们，到底不是握有中央政权的蒋介石的对手。和此前此后的一次次反蒋战事一样，中原大战从1930年5月发动开始，持续了整整五个月，虽然联军一开始有过胜绩，在陇海线甚至差点活捉了到前线督战的蒋介石，但在蒋中央"银弹"的攻击下，最后仍然是以反蒋派的失败而告终。胜者王侯，败者寇，中原战后，失败了的阎锡山被迫将原有的华北地盘交由关键时刻入关支持蒋介石的张学良处置，接受"下野""出洋"的惩罚。

阎锡山当初不听也不可能听得进赵戴文的劝告，终于落得身败名裂，背井离乡。面对眼前的事实，在那文人生性的支配性，赵戴文收回了他当时痛心疾首"不问此事"的扬言。没有背弃阎锡山，不忍心在阎锡山生死攸关的重要关头袖手旁观或拂袖而去，而是与阎锡山一同到了天津，再辗转随抵大连。在大连的日子里，对赵戴文来说堪称闲适，多静坐读《易经》。这毫无疑问是他一生中最为放松的几个月。

他们一住就是八个多月。在这不平凡的八个多月中，赵戴文仍然起着名副其实的"先生"作用。赵戴文每天上午都要给阎锡山和其随行人员讲《易

经》，讲岳飞、文天祥、太平天国、义和团等经史轶事。一讲佛学，阎锡山就睡着了。

下午参与甚至主持座谈，讨论国内外政治、时事以及南京的蒋介石、东北的张学良，还有汪精卫、韩复榘、石友三等的动态。在座谈讨论中，涉及和研究山西教育、经济方面的问题较多。文化教育方面都由赵戴文主讲，经济方面阎锡山讲得多。

很有意思的是，赵戴文爱讲民族气节方面的事。他赞岳飞一家为"文武全器，仁智并施"，史不多见；颂文天祥被俘数年宁死不降，实为成仁取义天下之楷模。

经过八个多月的蛰居、观望、等待，1931 年 8 月 5 日，阎锡山以尽孝道为由，包租一架日本小型飞机，经大同秘密潜回五台河边。由于阎锡山终于得以离开日本人控制的大连，赵戴文的心境较前更显平和，与人谈及阎回晋问题时，如释重负地说："这下我就放心了，甩掉了邪魔外道①。"

一个多月后，"九一八事变"爆发。在新的形势下，蒋介石适时地调整了他的内外政策，在"捐弃前嫌，团结御侮"的共识下，与阎锡山达成谅解。与此同时，作为阎锡山"亦师亦友"的首席辅弼，赵戴文坚决放弃到南京任职，再任太原绥靖公署总参议。

---

① 阎锡山到大连后，日本关东军即派人前往拉拢煽动，赵戴文为此事一直盯得阎锡山很紧，生怕又出现什么岔子，这也可以说是他在大连期间闲适之外的主要担心之处。

第四十三章　结识中共　亲历游行

　　1931 年初夏，宗复的二姐赵若兰及二姐夫徐士珙和他们的挚友张磐石一同从日本留学回国。张磐石是一位中国共产党早期的党员，长期从事革命工作，蒋介石叛变革命，大肆屠杀共产党人，他避居日本，研究社会科学。日本帝国主义侵华日益猖狂，他毅然回国投入抗日战争。

　　一天，张磐石来家访友，若兰向他介绍宗复时悄悄地说："我这个小弟同你所追求的什么'主义'比较靠拢，思想激进，也喜爱社会科学，在学校是活动分子。"其实张磐石今天来是有一定的目的性的，是想通过接触赵若兰及丈夫徐士珙，日后好接近赵戴文。但没有遇上赵戴文，而遇上了一位小共产主义者。张磐石心中暗喜，感到这是一个很好的突破口，他要抓住这个机会，便上前用他那强劲有力的大手握住宗复的手说："怎么样？交个朋友吧！"

　　宗复迟疑了一下说："好呀，张先生知识渊博，学问高深，有张先生指引，小弟在学问上一定能大有长进。那就请先生今后多多指教。"张磐石紧紧握了一下宗复的手，心中暗想，好一个机敏的小"布尔什维克"。就这样宗复和张磐石开始交往，并且十分投机。在张磐石的解说下，宗复读懂了《中国大革命史》、《辩证唯物主义》、《共产主义 ABC》等等书籍。宗复还把读懂的理论，讲给"进山学校"的进步同学，秘密在同学们中传播马克思主义的一些理论，受到中国共产党太原支部的高度重视。

　　1931 年"9·18"事变后，国民党军队奉行蒋介石的不抵抗主义政策，

"轻易让出了沈阳城"。12月初的一天，张磐石应太原市基督教青年会邀请作《日本侵华形势》的演讲，各界人士特别是青年学生，在宗复的大力宣传下踊跃参加听讲。张磐石在演讲中控诉了东北同胞遭受日寇奸淫掳掠的惨状，激起参会人员的强烈愤慨。

张磐石在一片声讨中，以一个革命家的气质振臂高呼："'9·18'事变并非偶然，是日本帝国主义要变中国为殖民地的根本国策。几个月来又占领了辽宁、吉林、黑龙江等省，我国被日寇侵占的领土相当于英、法、德等好几个欧洲国家面积的总和……中华民族正处在亡国灭族的最危险时刻。"

张磐石在演讲中动情地问大家："诸位，在此生死存亡的紧要关头，是当亡国奴、任人宰割，还是奋起抵抗、救亡图存？这是每一个炎黄子孙，尤其是青年一代不能不回答的问题。"听众齐声喊："我们不做亡国奴，任人宰割，我们要奋起抵抗、救亡图存……"接着唱起了抗日救亡歌曲："同学们，大家起来，担负起天下的兴亡。听吧！满耳是大众的嗟伤；看吧！一年年国土的沦丧……"歌声振荡着讲演大厅。

不久，张磐石先生在宗复的盛情邀请下，在业余时间到"进山学校"作了"揭露日寇侵略阴谋与罪行"的演讲。因为进山中学始终一贯的做法都是学生管理学生制，所以其他学校的部分学生也来参加听讲。张磐石的演讲进一步启发了青年人的政治觉醒，鼓动起青年们抗日救亡的激情。

在中国共产党的领导下，抵抗日本帝国主义侵略的救亡运动在全国各地开展起来了，太原市的青年和学生响应共产党的号召，纷纷组织起抗日救国会，由各校发起成立了山西省学生抗日救国联合会，简称"学联"。"学联"首先组织学生游行，向政府请愿，要求开展抗日救亡运动，取消一切阻挠和压制人民抗日救亡运动的反动法令，改变丧权辱国的不抵抗政策，动员全国人民抵抗日寇侵略，并迅速出兵东北，驱逐日军，收复失地。

十二月十一日，学生代表去省府请愿，被骗进省府接待室等候接见。从上午等到下午，没有人来接见，学生代表绝食以抗议。各校学生得知消息，第二天一早，三、四千学生先后到达省府门前，卫兵阻止学生进入，学生气愤无比冲入省府，听请愿代表声泪俱下地控诉了当局的无理态度。因仍无人接见，愤怒之下，学生们砸了一些门窗桌椅后转身去到教育厅厅长公馆，仍无人接见，学生们忍无可忍，捣毁了这两个地方。

十二月十八日，太原市中等以上的各校学生又去国民党山西省党部请愿，省党部四周警卫森严，大门两侧围墙的垛口和门楼上纠察队员荷枪实弹，如临大敌。学生请愿队伍秩序井然地排列在门前的场子上，派了二十名代表进入省党部，还未等代表们说话，武装纠察队就用棍棒殴打他们。同学们从门外看到学生代表被打，听到代表喊叫抗议的声音，立即群起冲击党部大门。纠察队员们悍然开枪射击，"进山学校"学生穆光政中弹倒地，鲜血流淌不止。同学们急忙将他送医院，可人已去世了。还有二三十人被打伤。这一惨案记录了太原市青年学生不屈不挠英勇斗争的光辉业绩，也记录了反动统治者让亲者痛、仇者快的丑恶行径。

十二月十九日太原市工人罢工、商人罢市、学生罢课，广大群众义愤填膺，召开了穆光政烈士追悼大会，抬棺游行，要求南京政府惩办凶手，成立了"12·18"惨案后援会，组织群众开展斗争。阎锡山与蒋介石正有矛盾，阎锡山乘此机会，让他的亲信太原警备司令荣鸿胪查封了国民党山西省党部，拘捕了省党部以及武装纠察队的几个负责人。但不久，阎锡山为讨好蒋介石，将凶手以异地审判为名，送去郑州，结果无罪释放了。

宗复以学生代表的身份亲身经历了这一场斗争的全过程，游行时带领大家高呼口号："坚决要求政府出兵抗日！""还我河山！""还我东北三省！""东北是我国的神圣领土！"……在人群聚集的地方，他义正辞严地简短演讲，

呼吁同胞们团结一致反抗侵略；在省政府、省党部他理直气壮地谴责当局压制、打击学生的爱国主义行动；面对武装的士兵，他动情地教育他们："枪口应该对准侵犯我们的敌人，不能屠杀自己的骨肉同胞。"还指挥鼓励大家高唱抗日救亡歌曲：

工农兵学商，一起来救亡，拿起我们的铁锤刀枪，

走出工厂，田庄、课堂，到前线去吧。

走上民族解放的战场！

脚步合着脚步，臂膀扣着臂膀，我们的队伍是广大强壮，

全世界被压迫兄弟的斗争，是朝着一个方向。

千万人的声音高呼着反抗，千万人的歌声为革命斗争而歌唱。

我们要建设大众的国防，大家起来武装，打倒汉奸走狗，

枪口朝外响！要收复失地，打倒日本帝国主义，把旧世界的强盗杀光！

第四十四章　撤军南移　洞开门户

　　1936 年 5 月 27 日，年届古稀的赵戴文在各种矛盾的复杂交织中就任山西省政府主席。此时，阎锡山在对日问题上正处于首鼠两端的境地。"九一八"事变后，日本侵略势力的触角继续延伸，先是侵占热河、察哈尔，又从 1935 年策动"华北事变"，策划蒙古族上层在绥远地区搞所谓"自治"运动，在政治、经济上直接威胁到山西的存在和发展。形势正如阎锡山在日记中写的那样："华北何计良，国事无主张。二次①伤国泪，疾心亦断肠。"这不仅反映了赵戴文为国难而伤心落泪的爱国深情，同时也道出阎锡山国难当头，山西难保，一无应策的烦恼。与此同时，一方面中国工农红军高展"开赴抗日前线"的旗帜，于 1936 年 2 月渡河东征，一举摧毁阎锡山苦心经营的黄河防线；另一方面，蒋介石中央政府借协助拦阻红军之由，对山西的"一统江山"实行渗透政策。在复杂的政治局面下，何去何从？这是摆在阎锡山和新上任的省政府主席赵戴文面前的一个首当其冲的问题。

　　赵戴文分析战局说："……论装备、论人数都不比红军差，但总是不如红军战斗力强，这是为什么？红军中的小娃娃，打着红旗占山头，前仆后继不怕死。红旗插到哪里就打到哪里。这是咋回事？"

　　还在 1935 年春，中共为了影响山西的上层人士，推动抗日救亡运动，就曾陆续派一批左派教授、名流学者到山西"讲学"。在此前后，一些山西籍的

---

　　① 二次：赵戴文与徐永昌，赵字次陇，徐字次辰。

学子，如留德的杜任之^①等也回到山西省署任职。赵戴文有着礼贤下士的儒雅之气、平易近人的君子之风，很快杜任之就与赵戴文接触上了，并潜移默化地对他产生着影响作用。杜任之就曾用黑格尔、康德之哲学理论与他进行过开诚布公的讨论，使他不由自主地对共产党人有了几分信服。

进步人士、共产党人的影响与赵戴文从中国传统文化中几十年如一日所汲取的爱国主义的精髓交汇在一起，自然形成一个简单的共识——"抗日救国"、"不做亡国奴"，并因此影响到阎锡山和省内之重大政事的决策。

赵戴文说："看来，抗日是非提不可了，要把这个道理对百川好好讲讲。"他又给杜任之讲述了一段往事，阎锡山派他去看望在狱中的共产党人王若飞，让问共产党来山西究竟要干什么？

杜任之追问道："王若飞怎么回答？"

"王若飞说：自从'九一八'事变以来，我们共产党人就主张'停止内战，一致抗日'。现在红军来到山西和绥远，也当然是为了这个目的。你们如果抗日，就是杀了我也甘心。你们如果仍然'防共反共'不抗日，是免不了要当亡国奴，我就是活着也没有什么意思！"

赵戴文佩服地说："好一个具有民族气节的仁人志士！"

王若飞之说和杜任之理论正好和孟子"得道者多助，失道者寡助。寡助之至，亲戚畔之；多助之至，天下顺之。以天下之所顺，攻亲戚之所畔，故君子有不战，战必胜矣"的论述相吻合，故而深深打动了赵戴文。

在"何去何从"的问题上，阎锡山由于受到赵戴文的激励和苦口婆心地分析山西所处境地之利弊，放弃了以往的反共政策，提出了"守土抗战"的口号，确定了"联共抗日"的方针，同意成立救亡组织——"牺盟会"，发动

---

① 杜任之：地下共产党员。

了"绥远抗战"。1936 年"九一八"纪念日，由进步青年救亡积极分子发起的"山西牺牲救国同盟会"成立，阎锡山任会长，赵戴文任副会长。

为使山西的救亡工作搞出一点声色，赵戴文提出"楚材晋用"的方针，并以此影响阎锡山。以"共策保晋大业"的名义，赵戴文从北平请回共产党人薄一波，实际主持牺盟会的工作。赵戴文在与薄一波的一次谈话中这样阐述他的观点："你看，我们师范学校也出人才。这次请你回来，是想叫你帮助阎先生做点事。阎先生已决心要抗敌救亡。我们生于斯、死于斯，保卫桑梓有责。山西应当把山西的人才都用起来，只能楚材晋用，不能晋材楚用。"

转眼之间赵戴文在山西省主席的职位上干了一年。1937 年 7 月 7 日，伴随着卢沟桥的枪声，全民抗日爆发了。为了便于指挥，赵戴文又兼担二战区长官部政治部主任。战争一爆发，国民党正面战场即遭到日军来势凶猛的进攻。就全国而言，丢北平，失天津，沪宁危急，一退再退。从山西来看，先是盘山天镇不守，大同会战泡汤；再是平型关失利，军队悉数后撤，战而不胜。从而导致失败主义论调盛行，民情激愤。身为二战区长官部政治部主任的赵戴文，一反温文之气，在省府自省堂大厅设坛公开讲演，表示"不作亡国奴，坚决死守太原，与城共存亡"，用以坚定抗战信念。

阎锡山就任第二战区司令长官，在赵戴文的影响下，随即便率各路人马由太原出发，将指挥部设在代县雁门关东部的太和岭口，亲自督阵。一个多月的前线督战换来的只是一页页败绩，一声声怨言。沮丧之情由衷而至，溢于言表。一日，愁眉不展的阎锡山找来他的老搭档赵戴文促膝长谈，一起探讨失败的原因。阎锡山悲伤地说："察哈尔之战后，们的主力九个师损失几乎过半，晋绥一线两千里战线布防实属不易。天镇不守，败局已定，放弃大同会战是不得已而为之。破釜沉舟，在勾注至恒山一线与敌决战，把晋绥军全部家当 30 个团一字摆在了战场上。岂料日军进攻方向有变，茹越口失陷，

后路被抄，内长城防线后撤也是情势所迫呵！"

赵戴文不紧不慢地分析道："有人讲，晋军之败败在战略。从南口到雁门，呆板的阵地战，单纯的防御战是很危险的。敌人的战术还是攻南口的老调，先当头一拳，然后拦腰一脚。我们则把军队摆得像一条长蛇，首尾不能相顾，击首尾不动，击尾首不动，或者干脆抱着头叫人家打。偶尔踢几脚，手却用来抱着头，不能相帮。结果正好给了人家各个击破的机会。击破一点，全线动摇，死守变成守死。不是想办法考虑怎么打，而是指望老虎不张口。"

赵戴文继续说："也有人说，晋军之败败在士气上。山西之于华北乃至全国战局关系至大。战略固然是关键，但士气亦不能小视，战略再好，将士不能用命，也难以奏效。晋北沦为察北第二，雁门关变成了张家口，士气很重要。如果少几个李慕颜（李服膺），晋绥局势何至于此？纵观察哈尔、晋北、绥东几个战役，虽情形各有不同，但有一点却是相同的，这就是敌为主动，我为被动，致敌每占优势。""还有的说，晋军之败败在政略上。去年杜任之他们就说，谁能抗日，人民就拥护谁。常言道'得人心者得天下'，时下山西危在旦夕，谁能领导抗战谁就能得到人心。"阎锡山道："民众确是一种不可忽视的力量。没有民众的戮力同心，确实很难取胜……"

此后，阎锡山在忻口重新布防，在忻口以北的弧形阵地上摆开战场，上接受中央军的增援，下依靠共产党八路军的配合，在关键时刻以一天一个团的代价换取了阵地二十三天不动摇的战果。忻口激战犹酣，胜负难分。日军故伎重演，以偏师攻破晋东门户娘子关。娘子关一失，忻口侧背受敌。阎锡山在"当时若非娘子关败，忻口岂止二十三"的哀叹声中，全线撤军，省城太原门户大开，呈不保之势。1937 年 11 月 8 日，华北重镇太原沦陷。赵戴文与他的山西省政府，偕第二战区长官司令部在城陷之前先行撤离，一路南行，暂驻晋南临汾。以后随着寇锋的南指，先移吉县，再转陕西宜川。

第四十五章　加入 CP　搜集情报

在赵宗复刚满 18 岁时，从进山学校以优异的成绩考入北平燕京大学。在燕京大学读书没多久，就参加了"国际问题研究会"，接着又参加了共产党的外围组织"反帝大同盟"。不久担任了"反帝大同盟"燕京大学支部书记。他在努力学习的同时，积极热情地投入到了反帝抗日的宣传中去。

这是一个凛冽的寒冷季节，校网球场上宗复和好友宋同学正进行着激烈的交锋，球拍不停地变着花样挥舞着，小球穿梭般地飞来飞去，真是"棋"逢对手，酣战不息。天色逐渐暗下来，宗复说："嗨，停战吧！该去填肚皮了。"说着两人肩并肩地走在校道上。宋同学低声说："给你报喜啦！你被批准转为 CP 了。明晚七时，我带你去参加入党宣誓。"

宗复高兴得跳起来："我说呢，平时你不多找我，今天突然找我打球。唉！我的申请几时批准的？怎么不早说呢？"宋说："别急吗，这不是谈恋爱！"宗复站住神情严肃地朗读到："生命诚宝贵，爱情价更高；若为求真理，两者皆可抛。"宗复把诗中的"自由故"改为"求真理"。宋同学也被他的严肃神情感染了，庄严地说："是啊，这比我们的生命、爱情更为重要！"

宗复入党后，接受了党组织的新任务——共产国际东方部要求中国共产党推荐一位和国民党上层官僚有密切关系通晓英语的共产党员或进步青年担任情报工作，以便及时获取国民党反动派与日本政府勾结反苏反共的情报。党组织考虑到宗复的父亲赵戴文是国民党元老，在国民政府、山西省政府任要职，赵戴文与阎的关系又非同一般，宗复担任情报工作有利条件多，所以

选宗复来从事这项重要的工作，并告诉他北平情报小组的负责人叫柳忆遥。

柳忆遥与宗复在城外陶然亭的高君宇与石评梅墓碑前见面。柳端详着宗复，棉袍外面套一件藏青色罩衫，围着一条素色围巾，中等偏高的个头，鼻梁上驾着一副近视眼镜，看上去干练、沉着、随和，虽然是个年轻的大学生却蕴藏着一种学者的神韵。柳对宗复表示信任，谈了如何开展工作以及工作的重要意义等。然后望着面前的墓碑深情地说："不少中华民族的优秀儿女，为了神圣的事业献出了青春年华以至宝贵的生命。我们要继承他们的遗志作出无私的奉献。"宗复一直很庄严地听着柳的话，神情诚挚地轻轻点头。

柳忆遥对宗复说："组织关系已转到情报组来了，以后你不再和地方党组织发生关系，也不能参加群众活动。言行要灰色些，要严格遵守纪律，上不告父母，下不告妻子、儿女。我知道你是群众活动的积极分子，现在要来个180度的大转弯，可能会感到苦恼，但这是工作要求，一定要善于适应。你除了亲自去了解蒋、阎与日本勾结的动态，还要物色条件好的同学在平津、哈尔滨、绥远等地建立联络点然后形成华北的情报网络。目前需一人去绥远了解并勘察从新疆至内蒙的地理交通气候等资料以及当地军政首脑的政治动向与军事实力，这是准备如果日寇大举进攻我国，情势危急时，苏联可以从新疆出兵支援我们。"

宗复思索了一下说"我有一个朋友叫赵中枢，我俩小学、中学时同学，现在在北师大就读，他是北师大'社联'成员，他父亲现任蒙藏委员会副委员长，早年在北伐时就作为阎锡山的代表与当时的国民政府联络，和国民党上层关系也很密切。"柳听了满意地说："好啊！条件很好，你找他谈谈，不要先说情报组织的事，先委托他去绥远搜集材料，其他事以后再说。"

宗复去北师大找中枢。一进中枢住的宿舍，就兴致勃勃地对中枢说："嗨！老同学，去看一场山西梆子吧！听说山西会馆从太原请来戏班子在前门

戏园子唱'金沙滩'呢?"中枢惊讶地说:"太阳打西边出来了,书'蛙虫'怎么今日有此雅兴?"宗复不说什么就拉着中枢往外走,走到校园中清静的地方才低声说:"有一件抗日救国的大事你干吗?不过可能有一定的危险性。"

赵中枢在北师大是进步学生,便立即回答说:"只要是抗日救国的事当然干!"宗复说:"如果日寇大举进攻我国,苏联红军可能从北面出兵支援我们。需要摸清由新疆进入内蒙的军事路线及其他有关情况,想托你去搜集材料,你能去做吗?"中枢看了看宗复想问什么,迟疑了一下没有问,而回答说:"我姐夫在绥远省政府当秘书,我先去归绥找他,通过他就会有办法。我先写信告诉他我要去,他如同意我立即动身。"

不久,中枢告诉宗复说,他姐夫欢迎他去观赏塞外风光。他俩认真研究了去后的做法。宗复就送中枢上了去归绥的火车。半个月后,中枢来信说通过他姐夫的关系,从档案馆保存的最近的绝密材料中找到所需的内容,还搜集到一些有关材料;中枢想亲自去实地勘察,取得更可靠的数据。是否可以把现有的材料寄回北平?宗复担心邮寄不安全,于是亲自去归绥取回材料。

与此同时宗复利用父亲的权力把一位同学安排在山西绥靖公署办公厅任秘书,借机获取有关情报,他自己也常与一些在政府部门任要职的官员子弟往来。群众性的进步活动场合再也不见他的身影。同学们议论时政时他缄默不语,或摆出一副两耳不闻窗外事,一心只读圣贤书的姿态。有的同学责备他假爱国,三分钟热度,有的嗤之以鼻地骂他官老爷家少爷,本性难移。

赵中枢顺利完成任务返回,面临毕业,其父亲让他去日本留学。正好党组织也有计划要安排人去日本做情报工作,于是在中枢去日本前,柳忆遥约宗复、中枢在北平饭店开了一个房间,向中枢详细布置了任务,还教会他们摄缩影照片,在蔻丹溶液中将缩影照片变薄的方法,又教给他们用三角板计算坦克的大小和大炮的口径等等。

　　中枢去日本后，宗复又物色了一位燕大毕业的同学，通过他父亲赵戴文介绍去傅作义部下去工作，在绥远建立了情报点。过了一段时间，中枢来信说他在日本进修了日语后已考入明治大学，同时已利用在日本士官学校炮科学习的一位老乡了解到日本各兵种的识别方法与军队编制、武器装备等各方面的情报，因没有合适方法送回国内，他准备利用假期自己带回来。中枢送回情报后，又按柳忆遥的建议把妻子、孩子接去日本掩护他工作。搜集到的情报多用隐形墨水书写在报刊书籍上或用暗语写信邮寄传递。

　　在这短时间内宗复在南口机车厂发展了赵春宵等同志，建立了情报据点；又借助父亲的力量把牛佩综同志安排在阎锡山的办公室工作，建立了太原据点；接着又在塘沽建立据点开展平津、平包铁路沿线的情报工作。前后两年时间在宗复的精心组织与策划下，建立起华北地区的情报网络。此外宗复还通过在政府首脑部门工作的挚友了解蒋、阎、日相互勾结进行阴谋活动的情况，又利用他二姐夫在太原、天津之间来往经商的条件传递情报。他还把共产党员张奇、陈洁等人介绍给情报组织，让他们去东北、上海等地工作。宗复卓有成效的业绩获得情报组织的赞扬。

　　1937年初中枢来信说搜集到一批极重要的情报，现在日本邮检严密，不便邮寄，准备亲自送回。不久中枢乘船回到天津转乘火车回北平。宗复带领中枢进入一间他事先订好的饭店包间。中枢边和宗复谈着从日本回来的经过，边从西服的领带结内取出情报交给宗复说："这是日本海军舰队编组、排水量、时速、主炮口径鱼雷装置以及有关陆军情况的材料，都是微型缩影照片。"宗复钦佩地说："你真行，我以为你放在手提箱的隔层板下，想不到你会用这个办法。"中枢说："这样携带不容易搜查出来。箱子里也有，是用隐形墨水写在日文书上的。"宗复高兴得紧紧握住中枢的双手称赞说："你为抗日事业立了大功啦！"

第四十六章　力主抗日　掩护同志

"九一八"事变之后，蒋介石置民族危亡于不顾，一意孤行地奉行着"攘外必先安内"的反共政策。时下的山西，却在赵戴文的积极努力倡导和形势所迫下扛起了"联共抗日"的大旗。可在对待中国共产党的统一战线上，赵戴文与阎锡山的态度是迥然不同。

阎锡山代表的是大资产阶级、大地主的利益，在遇到民族危难、日本侵略中国时，能"联共抗日"借与共产党合作之力，来解救所面临的危机，这与赵戴文的辅佐、持政是分不开的。

赵戴文在一次会议上说："请观现今大势，不但我中国危机四伏，民不聊生，即全世界欧美诸洲列国，皆发生危机现象。中外有识之士，引为深忧，公认为欲谋挽救，非有一种最有力、最适合之新学说，无从拯济之。鄙意则以中国古圣人孟子之学术最为完全。如能发扬孟子之学术而实施之，自克转危为安。"

又说："上至天，下至地，中间有各民族，明有万物，幽有鬼神，惟人能与之间同德同量。""人以外不过各得一部分，惟人为得其全体。人顾可自视甚轻，自待甚薄乎！人有如此之天知天能，而世界何以坏至如此地步，其故安在？实由人心之好利所至也。"

中共党员并参与第三共产国际远东情报局工作的刘思慕，曾是杜任之留学德国的同学。1935年5月间，他突然与陈正飞来到太原，原说要多住几天。三天未过，突然有人发来电报说"因子宫病住了医院（暗语）"。刘、陈

当晚即离并去了石家庄。第二天一大早武汉行营便派一上校副官带着八名宪兵来到太原，找到阎锡山当即把杜任之控制起来了。

赵戴文知道此事后，马上找到杜任之询问情况。杜任之说："刘思慕是我留学德国的同学，陈正飞是'中外语文学会'的译作者。除此之外别无其他关系。他们来太原参观，我接待了他们。其他一概不知。"赵戴文便亲自找到那位上校副官，此人在南京就知道赵戴文为何许人也，知道蒋介石非常器重赵戴文之博学及教育、政治、军事等方面的谋略。虽然没有打过交道，但心存尊敬。

赵戴文和气地对这位上校副官说："刘是刘，杜是杜。抓不住刘，不能以杜代刘。杜与刘不相干。我保证杜某无问题。别在这瞎耽误功夫，如果杜真有问题，你们连同我一块抓走好了。你们去交涉吧。"

上校副官满脸欠意地马上说："不敢！不敢！省主席，我们也只是了解一下情况。"

赵戴文继续说："总之一句话，你们不能把杜带走。"

上校副官立正给赵戴文行了个军礼说："是！"然后转身去到关押杜任之的房间，打开门，请杜任之出来，说："对不起，杜先生，请！我们只是例行公务。"

由于赵戴文的仗义执言，不仅保护了一位地下共产党员杜任之、掩护了第三共产国际远东情报局成员的行踪，而且也间接地支持和维护了反帝抗日的正义事业。

还有一个人让赵戴文始终放不下，就是监狱中曾有一次与其长谈的共产党人王若飞，他不了解王若飞在共产党阵营中担任什么职务，但此人给赵戴文的印象非常深刻，在短短谈话的一小时中，赵戴文被对方的言词所感染，可以说同他所倡导的孟子理论学说有相通之处，由此赵戴文很欣赏王若飞及

所追求的真理了。

在山西省联共抗日期间，赵戴文大胆提出：关押在山西省第一监狱、太原陆军监狱、山西省反省院以及山西训导院中的一些共产党人和二百多名东征时被俘伤病员和红军小战士，应该给予释放。赵戴文同阎锡山、薄一波等多次交涉，最后决定政治犯不能从监狱直接无条件的释放，必须集中到山西训导院稍加"过渡"才可出狱。

于是在赵戴文的直接主抓下，山西训导院于 1936 年 6 月迅速成立。以专为"训导"红军东征作战中被俘的一些红军伤病员和不少红军小战士的名义而设立。

院长由山西省主席赵戴文兼任。他除一些大事外，日常工作则由训导院主任郭挺乙主持。全院一共只有三十多名工作人员，大都有爱国思想和抗日热情。其中负责教学工作的领导人时逸之和在教务处当管理员的王耿仁、郭实甫等，就是由中共山西省工委派进去做统战工作的。

地下党员毛铎和高守善同志也在教务处当教员。郭挺乙由于整天忙于社会活动，也是隔三差五地才到训导院一趟，实际工作就由时逸之负责。这里的抗日气氛非常浓厚，可以唱革命歌曲，看进步书刊……而且生活待遇也比各监狱要好得多。当各监狱的政治犯进入训导院经过一个多月的过渡后，1937 年 3、4 月间就都陆续出狱了。

首先出去的就是王若飞，这是赵戴文的特批，接着是乔明甫、胡兆祺、谢黎、武光烈、李安心、李树庭、杨绍曾、刘裕民、胡荣贵、席炳午、郑林、王孝慈、李之丰、郭万夫、张衡宇、阎子祥、高克亭、龚子荣、王观朝、曾延伟、王庆生等五六十名共产党的优秀干部，此后二百多名红军小战士和伤病员也都分批出去了。

所有共产党政治犯进入训导院后，之所以能得到一个宽松的政治环境，

生活上能得到改善，最后能顺利地"过渡"出狱，与赵戴文施行"仁政"、联共抗日、暗中使用共产党地下党员进行教学和爱国进步青年做管理工作，有着很大关系。赵戴文在政治犯进入训导院后的整个过程中所起的积极作用，是鲜为人知的，只有他个人心底明白，不可与阎锡山交谈。

"牺盟会"（全称：山西牺牲救国同盟会）的酝酿、成立，赵戴文给予了积极支持。他首先以国民师范校长之名义，向阎锡山极力推荐自己的学生薄一波担任"牺盟会"要职。

1936 年"牺盟会"成立，薄一波回到山西后接办"牺盟会"，成为由共产党领导的统一战线组织。薄一波主持"牺盟会"、新军工作后，只要在赵戴文的职权范围之内，他总是设法给予方便和鼎力相助。他积极支持"牺盟会"、薄一波的工作，也就是间接地响应和支持了共产党"停止内战，一致抗日"的政治主张。这是和他一贯提倡的民族气节和爱国主义思想一致的。

有一次他联络多名高官，不惜代价，救出一位被阎准备杀害的共产党人。并对阎锡山说："我不管什么党、什么派，就是认定他这个人。我认定他是一个爱国家、爱民族、爱百姓的好人。"和赵戴文有过深交的一位共产党高级将领曾经评价说："在关键时刻，能挺身而出，救护为民族、为百姓做好事的人。"

第四十七章　毕业回省　肩负重任

　　1937 年春天柳忆遥准备去日本。情报组织决定由宗复负责平津与华北地区的工作，接受上海情报组织领导。柳临行前约宗复在北海公园见面。他俩坐在游客稀少的山顶小亭子里交谈着，柳说："随着形势的发展变化情报工作越来越艰巨，危险性也越来越大，现在又加重了你的担子，肯定有很多困难，怕吗?"

　　宗复坚定地说："这条路是我选择的，为了祖国和人类的伟大事业我愿意竭尽所能，奉献一切，乃至我的生命。虽然就我个人的愿望来说，觉得我更适合搞学运和文化工作。但革命需要我搞情报，我会全力以赴。当然我也有苦恼，不了解情况的同学说我堕落了，整天和国民党官僚鬼混，看不起群众。当前抗日活动如火如荼，可自己又不能和群众一起参加斗争。"

　　宗复既难过又懊恼地说："就拿去年春天的事来说，北平学联为抗议警察当局将被捕的河北省立高中学生郭清迫害至死，举行示威游行，当时学生与军警在南池子地带发生激烈冲突，50 多名学生被捕，我当时就在现场旁边的人行道上，看着学生们英勇搏斗的情景，几次想冲过去与军警斯打，但只得咬紧牙闭紧嘴强忍着跑回住地，凝望着南池方向，好大时辰才平静下来。"

　　柳忆遥无语地摇摇头，示意宗复不要为此悲伤。

　　沉默了一会儿宗复又说："过后我自己批评了自己。情报工作是革命工作的需要，我的条件、地位别人代替不了，我应该一切以革命利益为重。"

柳先生表示对宗复的理解，鼓励宗复一定不能暴露自己，要安心做好工作。

这时正是宗复即将大学毕业的时刻，他日夜加班完成论述李自成及太平天国等农民运动的毕业论文。论文被刊登在燕大的《史学年报》上。他在读书过程中，所写的文章还被推荐发表在教授们发表文章的《燕京学报》上，有的教授一再劝他出国深造，他的父亲也来信说要送他去美国或英国留学。

宗复权衡了党的事业与个人前途的关系，认为只有国家的安定才能有个人的前途。中华民族内忧外患，自己怎能钻进象牙塔去追名逐利？

有一天，燕大校长司徒雷登找他面谈，说了许多称赞他才思敏捷、学业有成的话，一再鼓励他去美国进修学位，并说由校方推荐可以就读美国最有名望的大学，不久的将来史学界的讲坛上就会升起一颗璀璨的新星。

宗复反问司徒雷登说："吸吮着祖国母亲乳汁长大的儿子，在母亲遭受强盗欺辱的时候能丢弃她而逃之夭夭吗？"

事后司徒雷登在宗复的登记表上写上这样一句话："该生出身'贵族'，但思想激烈。"

就在此时卢沟桥事变发生了。情报组织把赵中枢和肖希明从日本调回山西。赵宗复拿到毕业证书后速返太原。此时正值日寇分两路大举向山西进攻，华北大地硝烟弥漫、战火熊熊，交通严重破坏。他一路多半是步行，所经之处看到从敌占区逃出来的难民有的扶老携幼，饥寒交迫；有的妻离子散，家破人亡；有的边走边哭诉失去家乡、失去亲人的痛楚；有的边走边向路人控诉敌人奸淫烧杀的暴行。

历经艰难才回到太原的宗复，心里总是惦记着身负的重任，休息了一二天，心情稍稍平静后，为了有公开职业便于掩护执行组织上交付的任务，便

和父亲商量找工作的事。赵戴文带宗复去见阎锡山。一来是阎锡山在宗复幼时就十分喜爱器重他，也一直以宗复为他的义子看待，现在宗复毕业回来当然得去拜见阎锡山；二来宗复的工作也得听阎锡山的安排。

赵氏父子来到阎公馆向阎锡山致礼问候。阎锡山见到宗复十分亲热，高兴地对宗复说："你回来得正是时候，现在大敌当前正需要你们这些后生们来担当重任呢！"

宗复说："咱山西全省上下，团结一致，共同对敌，抗日工作走在全国前头，人称赞咱山西是抗日模范省，全国青年都纷纷要求来山西参加抗日工作呢？"

正在这时梁化之进来了。此人名敦厚字化之，是阎锡山的姨表侄儿，从小在阎家长大，由阎锡山供给读书，山西大学毕业后在阎身边当秘书，既是亲戚又是亲信，很得阎锡山的宠爱。他比宗复大几岁，当年阎、赵两家都住在督军府时，梁是阎、赵两家孩子们的头头，又和宗复是进山学校的先后校友，彼此很熟。

梁化之进门向两位长辈行礼后，立即走到宗复面前将他搂住说："你可回来啦，我正要去找你呢，快来帮帮我吧？我现在忙得有三头六臂都不够使的。"赵戴文接着话茬说："是啊，你化之兄现在可是顶大梁了，'牺盟会'、'战动总会'① 都是他操持。战动会成立不久，人手不够，他可真够辛苦！"赵戴文转向阎锡山又说："宗复刚毕业，还年轻。我本想让他去美国继续深造，他说，抗战时期，省主席的儿子跑到国外去，不让老百姓戳脊梁骨吗？说的也是，那就让他去'战动总会'吧！"说着用眼神向阎征求意见。

梁化之急不可耐地补充说："原请李公朴先生来担任'战动总会'宣传

---

① 战动总会：全称第二战区民族革命战地动员委员会，是在联共抗日时期，在周恩来的建议下成立的由共产党领导与阎锡山公开建立的抗日民族统一战线的组织。

部长，至今尚未到任，下面几个部门如宣传科等都没有头儿呢！"

阎锡山同意赵、梁的意见。

宗复乘势请求说："我有一位同学叫肖希明是广东人，听说咱山西抗战工作搞得热火朝天，想来咱山西参加抗战。"

梁化之迫不及待地说："全国各地很多青年都纷纷要求来山西参加抗日，最近从上海、河北等许多地方来了两三批人了。"接着又问宗复："这位同学学什么的，咱现在很缺搞无线电的通讯人才。"

宗复笑着说："那就巧啦，他正是学这门专业的。"阎锡山同意把肖希明安排在"战动总会"。

赵中枢比宗复早些日子回到太原已通过他父亲赵丕廉的关系在"战动总会"工作了。

宗复担任了"战动总会"编辑科长，后兼任代理部长，赵中枢担任印刷科长，肖希明担任无线电台训练班队长。他们三人怀着满腔抗日救国的热情与同事们一同努力工作，工作任务十分繁重：要根据各种宣传主题拟定宣传提纲，要组织流动宣传队分赴各地去发传单、贴标语、演讲或以文艺形式进行宣传，每天都要收录外地广播，编辑出版《站地通讯》，还要为《太原日报》编辑副刊《战地动员》并定期出版《老百姓周报》《战地画刊》等及编辑出版其他抗日资料。

宗复白天或参加会议或深入各地了解情况，晚上伏案笔耕，中枢与希明常常冒着战火去购置印刷品与电讯器材，还要亲自下机房排除故障并指导工作。更重要的是他们三人暗中还肩负着情报工作。

情报组织有一条极为严格的纪律，即不准与地方党组织发生关系，不准建立党支部与发展党员，不准与其他情报组织发生横向关系，各项工作仅是单线联系，以免互相影响。但宗复考虑到当时山西的特殊情况：共产党掌握

着抗日统一战线的领导权，组织起来的抗日决死队（又称新军）的领导干部也大部由共产党人担任，如果能得到他们的协助，对情报工作极为有利。

思之再三，他决定向"战动总会"组织部长南汉宸、武装部长程子华讲明他的情况。一天他借与南、程联系工作之机向他们谈了自己在大学时入党及担任国际情报工作等经过，并说了他的想法。程子华同志说："你这样考虑是对的，在维护党的利益的前提下，原则性要与灵活性相结合，这样对工作会更有利。"

南汉宸同志说："在特殊情况下就要根据具体事具体分析处理，才符合共产党人的实事求是的精神。"此后"战动总会"的党组织给予情报工作许多支持。

1937 年底，宗复接到情报组织的指示：打入第二战区阎的领导机构中开展工作，开辟新的阵地。此时太原已沦入敌手，阎锡山的第二战区长官司令部、山西省政府已撤往晋南的临汾。宗复向"战动总会"党组织说明情况后就和中枢离开"战动总会"所在地离石，前往临汾。

在日寇猖狂进攻，山西岌岌可危的情势下，阎锡山为了自己的存在，选择了联共抗日的道路，这是他当时的明智之举。但 1937 年底，阎锡山参加了蒋介石主持召开的军事会议。会上国民党内部高级官员中对日妥协之声甚嚣尘上，阎也为之心动说："假如对方给我们一个顶有利的条件来妥协，妥协并不是灭亡。"他还作了一首诗曰："主战主和莫纷纭，自古和战意难同；和战果与国有利，主战主和有何分？"返晋后他于 1938 年 2 月召集第二战区军、政、民高级干部举行"第二战区抗战工作检讨会"。

这时阎锡山的旧军在同日寇不到一年的战斗中几乎全部垮台，政府机构也已瘫痪；而新军、牺盟会、战动总会等军政力量实际上掌握在共产党手中。阎锡山是山西大地主、大资产阶级利益的代表，他是绝不肯大权旁落的，用

他自己的话说："要在日本人、蒋介石、共产党这三颗鸡蛋上跳舞，即不能被滑下去，可哪一颗鸡蛋也不能踩破。"

阎锡山还在检讨会上说："当前最需要的是建立一个强有力的、统一的民族革命的领导机构……作为统一领导二战区军、政、民各部门工作的集中组织。"并授意部下倡议建立这一组织。宗复借此机会，以发起人身份组织起了"民族革命同志会"，并调入第二战区长官司令部政治部工作。

1938年三月临汾沦陷，宗复随政治部与牺盟会总部转移到汾西。这时日寇已占领了山西主要交通线，将山西分割成晋西北、晋东北、晋东南、晋中等地区，八路军深入敌后在各地区建立抗日根据地，开展游击战争。新军各纵队，牺盟会各中心区分散各地与八路军配合战斗。为了沟通二战区领导机构与各地区新军、牺盟会以及各专署之间的联络，便于传递公文、信函、报刊等，宗复利用父亲赵戴文的力量并得到牺盟会总部的领导人牛荫冠、刘岱峰等人的帮助，在政治部下设立了政治交通科，不久又扩大为政治交通局，宗复将中枢调进交通科，先后任正副科长和正副局长。

交通局总局设有办公室、研究室、电台、警卫特务队、交通运输队，在各地设有28个分局。宗复还通过牺盟会调来梁维书、史景明、智秉铮，商正因等共产党员，并将肖希明也调进交通局，并请来了宗复的老师荫纫斋先生，让他们分别担任各部门的领导。在交通局就组成了以宗复为核心的领导班子。

在他们的领导下工作人员跋山涉水历尽艰苦甚至冒着生命危险穿过敌人封锁线，日夜奔波在总局与各地区之间，除完成日常工作任务，还利用一切可利用的机会搜集日、伪情报；他们还常常深入战地，协助战斗部队打扫战场，从缴获的敌人公文、信件、军官士兵的日记等物件中提取情报。所取得的情报由荫纫斋同志译为英文转送上海情报组织。

交通局内建立了"民族革命青年团"组织，吸收进步青年加入，团员定

期过组织生活，学习延安出版的刊物、书籍，如《联共(布)党史》《政治经济学》等马列著作，团员们在组织的教育下，不仅具有强烈的爱国主义思想，拥护抗战、拥护统一战线，并提高到拥护共产党，信仰马列主义，培养出刘鑫、杨友多、李集成、安天喜等许多优秀的先进青年。安天喜同志在一次执行任务时，不幸被日军扣捕，他拒不屈服，大义凛然，高呼"打倒日本帝国主义""抗战到底"等口号壮烈牺牲。

由于完成任务成绩卓著，在交通局成立一周年时，二战区政治部，牺盟会总部派代表参加在总局召开的庆祝大会，宗复他们得到绣着"政治命脉"赞语的锦旗表彰。

这一时期，宗复除日夜操劳，领导交通局的各项工作外，还要去二战区首脑机关参加会议、研究工作。同时他还深入基层，常挤时间去各个分局检查工作。

有一次去沁源分局时，见到分局副主任姬承龙的母亲，宗复与老人亲切交谈，得知老人年轻守寡含辛茹苦，把四个儿女培养成人，十分敬佩。他非常关心老人的身体、生活，嘱咐分局的人一定要经常看望老人，随时帮助老人解决困难。姬母深为感动，让在家的两个儿子都去参加抗日工作。当时她的小儿子才十二岁，宗复先让他在交通局当勤务员，后来安排他去保育院读书。晋西事变时姬承龙在战斗中不幸牺牲，宗复同志派人送去抚恤金慰问姬母，妥善安排姬母的生活。

第四十八章　不听忠言　发动事变

斗转星移，不知不觉抗日战争进入第四个年头。1940年春，乘"西线无战事"之机，第二战区长官部、山西省政府机关再一次从陕北迁回晋西，在吉县的"南坡村"安营扎寨长期住了下来。为了讨个吉利，同时也表示一种精神，阎锡山将南坡村改名为"克难坡"、"克难城"。

初到克难坡时，部队和机关面临着严峻的考验，一方面是贫瘠的晋西一隅，只有几户人家，相对于庞大的军政（约四五十万人）机构，明显地不敷支出；另一方面则是日军经济封锁的接踵而至。一时，军食民用都成了问题。为了解决眼前的困难，在赵戴文的倡导下，发起"克难运动"，要求长官部以及各机关一律实行克难生活。规定：凡党、政、军、经、教辅人员，不论官兵，均穿粗布料军服；一日两餐，以素食为主；住的问题自己动手，开挖窑洞解决。开展生产运动。

"克难运动"的开展，赵戴文是身体力行，一套布军装，一孔土窑洞，粗茶淡饭一如既往。赵戴文虽然历任军政要职，但一生勤俭，淡泊名利，宣称"家有丧事，不发讣文；有婚嫁不收幛礼"。不做寿，不请客——自己"卑宫菲食"。且利用各种场合，讲"明明德"，讲"亲民"，讲"止于至善"，倡导人人从"卑宫室，恶衣服，菲饮食"上下功夫，以弘扬传统文化，共度难关。

"卑宫室，恶衣服，菲饮食"，语自《论语·泰伯》，原意用来称赞大禹治水的精神，后被一些所谓的"圣君明主""良相贤臣"用来进行自我标榜。赵戴文在抗战的关键时期将其大力提倡，却有他的良苦用心，不失为一种精

神号召，对于安定人心，鼓舞士气，有很大作用。 由于这一切，赵戴文在当时颇得赞誉。

不仅如此，自撤离太原时，赵戴文为不影响工作，把全家老小十五六口安排在远离克难坡的秋林镇。"克难运动"的开展，对家属也是一种考验。本来在太原时，由于赵戴文始终克勤克俭，家人在生活上也是非常节俭。来到人生地不熟的秋林镇，随身一些积蓄早已用完，饿得全家老小靠挖吃野菜度日，不几日全身浮肿。

实在没办法了，夫人写了只有一句话的信给赵戴文说："快给家里捎些钱来。"可赵戴文回信说："做饭时，把米少放些，多添两瓢水……"他哪里知道，家里早已粮粟颗无了。夫人接信后，为了不拖累全家，背着全家十五六口人，拖着病弱的身体自尽了。

赵戴文周围的人都想不到，如此高官之家，会如此窘迫，比穷人还要穷……

1938 年 7 月 1 日，在赵戴文的亲自主持下"山西军事干部学校"在吉县成立。还是奉行一贯政策，提高军事干部的素质。赵戴文把提高人的品德素质放在重要位置，大力倡导孟子的返璞归真理论，心存向善，融合大家庭等等。

有一篇新闻稿中这样说："年登七十六岁高龄的赵主席，银髯飘飘，在清晨的朝会上很少间断过出席，除非他老人家病了。他说话的声音永远是那么宏大，霹雳似的惊醒着每一个人的痴心邪念。他拄着的一根手杖磨得光亮，显出它也有了悠久的历史光彩。每当说至兴起处，手杖蓦地举起，当空劈下，棒喝了多少条心，凝成了一股不可抗拒的伟力，纵横在华北的战场上，团结了民族革命，和向胜利目标迈进。"

另有篇新闻稿上说："……多少人恳切地请求他老人家朝会时坐个椅子，

冬季穿件皮衣，吃饭加点补养品，但是他都拒绝了。他始终是一套布军装，屹立不动地站在洪炉台上，亲切训示，点化作育这一班年轻的人们。这种伟大的毅力，我没法比拟与形容，只有被感动得夺出两眶热泪。"

在克难坡稳定大局后，有一天，阎锡山与赵戴文并肩站在克难坡的山梁上眺望四周起伏的山峦，阎锡山趾高气扬地说："终于建立起咱自家的地盘了，这是咱山西的地方，这是靠咱自己打出来的生路。"

赵戴文扫视着远近的山川田野也欣慰地说："得道多助，失道寡助。不可一世的日本鬼子到底被咱给抵挡住了。"他捋捋胡须，又振奋地说："只要全国人民团结一条心，抗战到底，收复失地，还我河山，那是指日可待！"

阎锡山看了赵戴文一眼，思谋了一瞬间说："们常说抗战是手段，生存才是一切，们不是说过吗？咱们现在是在三颗鸡蛋上跳舞，要跳得稳、跳得巧，跳出咱们的天下来，光打不成，咱们得聪明些，咱得学诸葛亮，要借'东风'。"

赵戴文没有理解他的意思，愣愣地思索了一下，没往心里去，面对着眼前的河山满怀信心地说："咱中华四万万同胞，只要万众一心同仇敌忾，定能把小鬼子赶出中国去。"

然而，阎锡山却不是这样想，迁至克难坡后他虽与八路军达成团结抗日的协议，而就他的坐守一方称霸之信念，再加上与蒋介石一样的反共本质，是绝不会真心实意抗日的。他曾对他的亲信梁化之说："权衡利弊，借助日本人的力量才能发展咱们自己。怒们怠寇，万不能怒寇怠们……"又说什么："激起敌寇的恼怒，实系自杀的做法……"

1939年3月25日至4月22日，阎锡山在陕西省宜川县秋林镇，召开了二战区师长及独立旅长以上军官、各区专员及保安司令以上行政干部、公道团主要领导干部、牺盟会各中心区及部分县特派员等参加的军政民高级干部

会议——秋林会议，共 167 人。会议历时 29 天。

这是阎锡山限制新派势力①发展的一个重要步骤。会议的中心内容总起来说只有一条：取消新军中的政治委员制，文官不能兼任军职。（七七事变后，阎锡山同意中共关于组建山西新军的建议，新军迅速发展为四个纵队。日军侵入山西后，阎锡山迫于形势，同意新军扩编。山西新军共有 46 个团、四个游击支队，总兵力约 5 万人，兵力已超过当时的山西旧军，就是阎锡山的晋绥军。新军成立后，在共产党的领导下，分别活动于晋东南、晋西南、晋西北地区，在八路军主力部队的带动下，发动群众，建立抗日根据地，广泛开展抗日游击战争。）

会上阎锡山特别强调，这是蒋委员长的命令，我不能不执行。马拉松式的"秋林会议"围绕取消新军政委制这个中心内容，讨论取消"战动总会"②，限制牺盟会活动，缩小专员权限等具体问题。然而，取消政委制的提议只是阎锡山的一厢情愿，一经提出即受到新派势力的抵制。

决死二纵队（新军的一部分）政委张文昂慷慨激昂地说："你不要我们就算了，我们搬上铺盖就走。你不让行政官员带兵，我现在就辞掉专员，留下政治委员。"薄一波则表态说："政委制不能取消。山西搞了这么多时间，就是搞了些新军，帮助了阎先生抗战。现在突然这样搞不行。"由于薄一波、张文昂等坚决抵制，取消政委制的决议不能顺利通过。

关键时刻，阎锡山把赵戴文作为救兵搬了出来。此时，赵戴文正以国民党山西省党部执行委员会主任委员的身份住在陕西三原，专程赶到二战区长官部所在地秋林后，以国民师范前任校长的名义找薄一波、张文昂谈话（薄一波、张文昂均毕业于国民师范）。谈话进行了整整一个上午。

---

① 新派势力:指国共合作时，由共产党领导在山西发展起来的抗日队伍，即新军。
② 战动总会:第二战区民族革命战争战地总动员委员会。

　　可与阎锡山不同的是，在赵戴文看来，如此对待新派是不适宜。他认为这样"限制"新军势必造成和延安的不合，甚至决裂，至使自己腹背受敌，又影响抗日大局。

　　阎锡山心中暗暗责怪赵戴文缺乏政治头脑，请你老先生来，怎么站在们的对立面了？阎锡山认为新军已成为心腹之患，如同孙悟空钻进牛魔王的肚子里，不去不行。

　　阎锡山又一次不听赵戴文的逆耳忠言，发动了以"讨叛"为名的"晋西事变"，攻打新军决死纵队，并没有达到预期的目的，落得个以汾（阳）军（渡）公路为晋西南、晋西北的分界线，旧军（阎锡山的晋绥军）、新军分区而治的结果。

　　阎锡山发动的"晋西事变"搬起石头砸了自己的脚，非但没有达到预期的目的，而且使自己处于内外交困的地步。

【晋学文化之旗帜人物】

第四十九章　不当汉奸　阻阎降日

"晋西事变"爆发时，宗复率领交通总局的人员向北转移，一天刚到一个村子停下来休息，王靖国（任阎锡山第十三集团军总司令）的一支部队就包围了村子。赵宗复一面下令警卫队做好战斗准备，一面与一起搞通讯工作的阴纫斋等人来到村口，与阎军交涉，一个军官见宗复等人来到恶狠狠地说："你们政治交通局通叛，我们要缴你们的枪……"

阴纫斋跳到一块高地上对这个军官和他身后的士兵大声说："你说话要负责任，我们是奉阎长官和赵主席的命令工作的。"说着他指着身后的宗复说："这位是我们的赵主任，是赵戴文主席的公子……"宗复也跳上了高地对士兵们说："弟兄们，现在是抗日时期，日本强盗占领了我们的家乡，我们的同胞、亲人被逼当了亡国奴或四处逃亡，全国人民正齐心协力驱逐日寇，救国救民，你们中也有许多人的家乡被日本鬼子强占，逼得你们妻离子散家破人亡。我相信凡是中国人都不愿意让日本鬼子在自己的国家横行霸道，我们应该团结起来打击敌人，你们和我们以及决死队都是中国人，都是抗日的，咱们应该握紧拳头一齐打击日本侵略者。"

在宗复讲话的时候士兵们都点头表示认可，有的士兵愤愤地看着他们的长官表示不满，有的嘴巴嗫嚅着想说什么又不敢讲……许多士兵情不自禁地说："对，应该一齐打日本狗强盗！"刚才那个气势汹汹的军官张口结舌不知说什么好。阴纫斋乘机说："弟兄们，国难当头，咱们是骨肉同胞，可不能干让亲人痛心，日寇高兴的事啊！"

　　正说着接线员史景明从村子里跑出来，大声说："我们的赵主席发电报来了，他立即去见阎长官下令撤退包围军队，还让我们先转告这里的军队，不准开枪动武，否则后果自负。"他又转向宗复："赵主席让我们交通总局返回隰县车家坡去。"

　　阎军军官犹豫不决，他看到宗复等人和蔼可亲，却又有一种神圣不可侵犯的威言。宗复又继续向他和他的士兵们说着大敌当前，应当枪口对外，打击日寇侵略者，而不是伤害自己人的道理。这位军官终于下令撤兵。

　　后来阎锡山知道了宗复下令让交通局随新军行动之事，大发雷霆，当即命令：撤销政治交通局，撤职查办赵宗复。宗复给父亲发电报说："长官司令部命令决死纵队向日寇发起'冬季攻势'，为了交通局的安全，我通知各分局随决死纵队行动，决死纵队是二战区的抗日军队怎么是通叛呢？"

　　赵戴文接到电报亲自找阎锡山说："宗复在处理这件事上，没有及时做细致的沟通，有不周到之处，以后让宗复回到你阎大司令身边工作，你亲自指点他，就不会出娄子了。"

　　赵戴文与阎锡山生死与共，关键时刻阎锡山常向赵戴文讨主张，以赵戴文为良师益友。以前的不说，从中原大战失败后，阎锡山被逼避居大连，时任国民政府监察院长的赵戴文，弃官随阎锡山"下野"居住大连，与阎锡山共同渡过难关，在八个月的每日里给阎锡山讲"论语""大学"等古著。直到时局转变，阎锡山东山再起出任山西绥靖公署主任，赵戴文任公署总参议。

　　抗战以来，阎任二战区司令长官，赵戴文任山西省主席。十几年来，风雨同舟。现在赵戴文亲自为儿子求请，阎锡山又一向喜爱宗复，于是便以"年轻人做事不周"为由免予查办，了却此事。

　　但交通局原建制全部被撤销了，宗复等人失掉了这块战斗阵地，今后怎么办？宗复先派中枢、希明去西安、兰州等地设法与情报组织联系，同时宗

复又一次突破情报组织的纪律，秘密去秋林找到八路军驻山西办事处王世英主任，说明情况请示今后工作意见。

王世英同志请示了中央，得到一系列的部署后，秘密找到宗复说："二战区的工作关系着抗战全局，不能把这块阵地随便地放弃。有社会关系能留下来的继续在山西工作，无法留下来的送去延安或其他根据地。交通局的一批革命干部是党的宝贵财富，要保护好他们。"宗复都一一记下，感到同自己一起在敌后工作的同志有了安排，心里安慰了许多。

王世英同志又说："这次'晋西事变'并不是阎锡山想怎么就怎么，他玩火自焚，牺盟会、决死纵队并没有被打垮，而阎锡山却损兵折将，实力大大削弱了，他手下的将官也是怨声载道，广大人民群众更反对这种煮豆燃豆萁，同根相煎的不义之举，致使阎锡山陷入众叛亲离的境地，蒋介石又乘机侵犯他的地盘，对他施加压力，阎锡山可以说是内外交困。党中央认为当前主要矛盾还是民族矛盾。阎锡山在坚持华北抗战中还是有一定进步性与重要性的，当然这和他身边的赵戴文主席有直接的关系。如果阎锡山被国民党吃掉，内战磨擦会更多。简单地反对阎锡山、反对旧派，都是帮助国民党搞掉自己的同盟者，所以一定要尽量争取阎锡山，坚持山西内部新旧力量的团结，来抵制国民党吃掉阎锡山以孤立共产党的企图。"

宗复此时心里敞亮了很多，一扫前段时间的郁闷，频频点头，表示对王世英同志及党中央的指示赞同。

王世英继续说："党中央还认为在当前民族矛盾还是主要矛盾的情况下，阶级斗争要限制在不破裂统一战线的范围之内，要拉住阎锡山继续抗日，即使阎锡山暂时站到蒋介石一边公开反共，他们之间仍有不可调和的矛盾，因此应当把阎锡山与蒋介石区别对待，争取阎锡山中立，不使阎、蒋联合对付共产党。这样，无论在抗日斗争中，还是对国民党顽固派的斗争中，都是比

较有利的。"王世英同志语重心长的话，鼓舞着赵宗复，使他充满希望，决心带领他身边的同志们坚持在敌后潜伏工作，守住山西这块阵地，就等于为抗日救国做出最大的贡献了。

与此同时，日本军方加紧了对阎锡山的诱降政策。为了利用日方之政策，缓和形势，摆脱困境，走出低谷，从 1940 年开始，阎锡山恢复了与日军的谈判接触。1941 年在国际上是一个法西斯势力猖獗的年代，希特勒把他的卐字旗，插到了大半个欧洲的土地上，发动了对苏联的突然袭击，占领了苏联的大片领土。阎锡山被法西斯强盗嚣张气焰的暂时现象所迷惑，抗日的决心更加动摇而加快了与日本的接触，扬言说只要能存在采取任何手段都在所不惜。阎锡山同日军签了"日本军与晋绥军基本协定"、"停战协定"，并在太原、临汾等地设立办事处，与日方联系，在对日妥协的道路上加快了步伐。

1942 年 4 月还亲自在一个叫做安平村的地方与日酋岩松举行了秘密会晤。然而，没有不透风的墙，加上日方别有用心地宣传：将经过特技处理合成的阎锡山与日军代表握手的照片印成传单，广为散发。阎锡山与日本军方频频接触，准备降日的口风不胫而走，传播开来。

在舆论的一片哗然中，二战区的一些高级干部找到赵戴文，叙述了他们对阎锡山"和日"做法的担忧和不满。这时，赵戴文已是七十六岁高龄，年老体衰，疾病缠身（患有严重的肝病），通过一些高级干部之口得知了阎锡山的秘密行动后，赵戴文以为大谬，决定亲自出面问阎锡山。在梁化之陪同下，赵戴文面见阎锡山。一见面，老先生便开口询问"妥协"真相。阎低头不语，只有梁化之敲着边鼓答非所问地说："一般青年人，绝不妥协。"

赵戴文见问不出个究竟来，拄着拐杖坚定地说："今日一旦打败，仍是成功。不成功退往河西，也是成功。要回太原当下流汉奸，你如何吃得下。"

以后风声日紧，将领、干部们再找赵戴文。赵戴文着急地说："我向来

是一切都服从他的，这件事不能再和他含糊了。"赵戴文询问："外传与日妥协这件事，到底有没有？如果有，大家是反对的。你回太原去，大家都不愿跟你去。"阎不动声色，反问："你的意见如何？"赵戴文不假思索地说："我也反对！"

阎锡山很不耐烦地说："们如果妥协，你将怎么样？"赵戴文听到此话，真是怒发冲冠，憋得满脸通红，高高举起他的拐杖掷地有声地喊到："我一定跳黄河而死！"

阎锡山竟然同老先生拍了桌子："次陇！再不许你这样说话。今天是你和他们都不对。你告大家说，山西的事如何办，只有们配主张，到不得已时，黄河也只有们配跳。你们都不该提主张，也不配跳黄河！"

虽然阎锡山表现得极不通融，虽然此时赵戴文的肝区在剧烈疼痛，但他却是矢志不渝，用拐杖戳着地板咚咚作响，坚定地回答："我是有民族气节的人。我绝不回太原当下流汉奸！我的坟墓就在黄河边了！"

赵戴文面对相处三十五年的生死朋友，到末了，彼此的思想做法会有如此大的差别，他想不通。赵戴文在为国家、为民族利益、为黎民百姓已是多次同阎锡山发生大的冲突了。赵戴文深感自己是无力回天，不由得眼眶里充满了泪水。最后赵戴文竭尽全力支撑起病体，语重心长颤抖地说："百川呀，这可是忠与奸、正与邪的大是大非啊！"

此后，赵戴文曾一度绝食，以示对阎锡山的抗议。赵戴文虽属旧政权时期的山西省府主席，但每当不利于抗战事宜发生时，他始终站在广大人民与抗日救国阵营一边仗义执言，可以说，在阻止阎锡山降日这一重大历史事件中，赵戴文所起的决定性的作用，是一般人所不能代替的。后来阎锡山最终没敢投降日本，与赵戴文的坚决反对是分不开的。

第五十章　入国民党　进同志会

宗复等人借助父亲赵戴文的力量与庇护，终于又在二战区各部门潜伏下来了。只有搞电讯的肖希明，因是广东人，在二战区没有社会关系，宗复便暗中为他联系八路军办事处，送去延安工作。

根据王世英同志的指示，宗复为更深入打进反动统治集团内部，为便于长期在阎锡山身边潜伏工作，1940年5月与阎锡山的一批干部集体加入国民党。并同梁化之、王竹咸、智力展等人去国民党中央训练团接受考察训练。返回后阎锡山在民族革命同志会设立"基干"的干部组织，宗复取得了"基干"身份并担任了"基干委员"，不久又加入了梁化之等人的宗派组织"最后同志"①，进入了阎锡山集团的核心。阴纫斋、赵中枢、梁维书也进入了同志会的基干行列，宗复和他的战友们在阎锡山统治集团的心脏中建立起了红色阵地，开展对敌人的特殊战斗。

为了阻止阎锡山在对日妥协书上签字，赵宗复秘密通过八路军山西办事处转给党中央关于"阎日活动请况的汇报"材料。在延安，毛泽东同志看到赵宗复所写的材料后，在回电文稿上批示："以上是最近一个月的消息，今后如何变化尚难逆料。如果苏胜德败、美日决裂则阎锡山的投降准备有拖延可能，请注意动向。"

赵宗复读了八路军山西办事处转给他毛泽东同志的亲笔批示后，心中有

---

①最后同志：与阎锡山同生死，共患难之意。

了底，于是又有了一个大胆建议："约请八路军办事处主任王世英同志与阎锡山进行一次面对面的谈话。"

建议马上得到共产党组织的采纳，因为王世英不仅口才好，而且了解国内国际大事和团结抗日的一切政策，有助于阎锡山把握当前国际形势，来缓冲他的投日迈进步伐。可谁来做这一沟通工作呢？选来选去，最后还是落在了省主席赵戴文的头上。因为中共党人一直把这位山西省主席赵戴文先生当成是开明人士，可以说，赵戴文先生和阎锡山在山西是唯一能相提并论之人，并且在国共合作时期赵戴文是以国家、人民利益为重，为共产党做出了诸多贡献的。

于是宗复马上找到父亲说明此意，赵戴文说："那更不成，我的话他都不听，还会听共产党的，他最恨的就是共产党了。"宗复语意深重地说："可他最怕的也是共产党。""最怕"和"共产党"几个字，宗复特别加重了语气。

赵戴文出于不能让阎锡山成为"历史罪人"的思想理念，有一分希望就要百分努力，于是再一次去找阎锡山。

赵戴文刚一进门，阎锡山便马上站立起来，对他前几天如此对待老朋友的态度表示歉意，忙抱拳说："次陇先生！前几日小弟多有冒犯，请谅解海涵！快请坐。"他伸出手示意，接着又继续说："次陇先生，们正在读一份关于国际形势的报纸，上面不负责任的说法真是让人不可思议。们可是料定小日本绝不会打美国的，而是要从北面进攻苏联……"

赵戴文坐下说："你呀，该多找些人谈谈，从各方面听取一下对当前形势的看法。我给你推荐个人，他叫王世英，就是咱们当初抗日联盟八路军办事处的那位主任，你也了解的，他们共产党对形势的认识往往有不同的看法。"

阎锡山歪头想了想说；"就听你次陇先生的!"于是阎锡山按铃，秘书进屋问过二位长官好后，阎锡山命令式地说："请八路军办事处的王世英主任来谈，只有十五分钟时间。"

王世英应邀来到阎锡山的办公室。一见面，王世英就笑着说："阎长官，您好! 以前我们多次请求见见面，都被你谢绝了。今天怎么有兴趣找我来谈谈啊?"

阎锡山说："赵主席推荐你来谈谈当前的国际形势，今天有十五分钟时间，就邀请你了。"接着他问王世英说："我听说有些权威人士分析，日本要配合德国对苏宣战。"

王世英十分明确地分析说："日本人不可能配合希特勒进攻苏联，苏联在远东有重兵防守，日本侵华之后已深感兵力不足，绝无力量再进攻苏联，即使攻占了苏联远东地区，除冰天雪地外，不会有所收获，相反会大大削弱他们在其他战线上的力量……"

阎锡山听到这里心里一愣，这和他的想法完全不同啊! 阎锡山急不可待地说："们有确切的情报说，蒋介石要与汪精卫合作组织亲日政府。"

王世英讥讽地笑着说："这不但不确切，更不切实际，蒋介石才不会干这种傻事、蠢事，全国人民抗日的呼声这么强烈，决心这么坚定，蒋介石是因为打起抗日的旗帜全国人民才拥护他，他要一投降，政治资本就全完了。"

阎锡山赶忙插话问："蒋介石真要投降，你们什么态度?"

王世英立即说："那很简单，也很明确，中国共产党领导全国人民抗战到底，直到最后胜利。蒋介石真投降，那倒也好，忠奸分明，他再也没有欺骗全国人民的本钱了，也阻碍不上抗战了，我们就可以明确彻底地打倒他。"

说到这里王世英意有所指地加重语气说："有人以为蒋介石要投降，还怕自己走在蒋介石的后面，没有'交椅'可坐，要赶在蒋介石前面去坐汪精

卫的椅子，那也好，反正我们的决心是下定了，谁投降，我们就打谁。"

说到此处，王世英一语双关地继续说："我想阎先生的良知是不会泯灭的，绝不甘心去当亡国奴，也绝不容许有第二个、第三个汪精卫出现。共产党和全国人民一条心，坚决抗战到底，夺取抗日战争的最后胜利。"

……

谈话早已超过了几个十五分钟……王世英走后，阎锡山坐在椅子上一言不发，思索了很长时间。秘书进来送电报，轻声说："这是赵承绶①从汾阳发来的。"

阎锡山没有吭声，过了一会儿对秘书说："给赵承绶回电，让他回克难坡。汾阳的事先拖延一段时间再说。"

1941 年 12 月 8 日（美国时间：12 月 7 日）日本偷袭美国军事基地珍珠港，情况如下：

美军太平洋舰队停泊在珍珠港内的舰船计有战列舰 8 艘、重巡洋舰 2 艘、轻巡洋舰 6 艘、驱逐舰 29 艘、潜艇 5 艘、辅助舰船 30 艘。岸上机场停有飞机 262 架，其余的 2 艘航空母舰、8 艘重巡洋艇和 14 艘驱逐舰分别在威克岛、中途岛运送飞机，以及在约翰斯顿岛演习。

由于是星期天，大部分官兵离开了战斗岗位，整个珍珠港呈现出一派假日景象，没有一点戒备。

7 时 49 分，日军发出突击信号，各飞行突击队立即展开攻击队形，俯冲轰炸机队率先顺山谷进入。

7 时 55 分，成批炸弹暴雨般地倾泻到美太平洋舰队基地四周的希凯姆机场、惠列尔机场和福特岛机场，将机场上成比翼排列的数百架飞机炸成

---

① 赵承绶：阎锡山所派与日本和谈首席代表。

一堆堆废铁，摧毁了机库。仅仅几分钟的时间，日本人彻底毁掉了珍珠港的一切。震惊全世界！由此爆发了太平洋战争。

那天阎锡山听到广播珍珠港事件的消息时，惊得发了一阵呆后喃喃地说："共产党人看得真准呀！"

日本飞行突击队轰炸珍珠港

第五十一章　恢复办学　投身教育

1941年春的一天，宗复来看望父亲，顺便要谈一些工作。宗复一进门，赵戴文马上就说："我正要找你说在我心中好长时间想办的一件事情呢，来，坐我身边来。"

宗复由于忙工作有一段时间没有来看父亲了，也是很想听父亲的指点，因为他深深感受到父亲无时无刻不在关心着自己，尤其自他到阎锡山身边工作以来，能看出父亲总是有一种莫名其妙的担忧，他总想为父亲排除这种顾虑，于是便说："是不是您又在想我的安全问题，就放心吧，我会很注意的。"

赵戴文一摆手说："这是其次，今天想谈的是吉县的教育工作问题，这两天我不待朝理阁。"其实，赵戴文和阎锡山通过在几件大事上的意见分歧，已心照不宣地由从前的相濡以沫变为"相敬如宾"了。宗复心里是一清二楚，他不能说，怕伤了父亲的心。

赵戴文继续说："心中的事总是放不下，就是我想在吉县开办一所中学校之事，你意下如何？"

宗复马上说："好啊！这是件好事，前两天还有一些人在说，他们的子女小学快毕业了，不知到哪里上中学呢？"

赵戴文说："你可以在一些会议上提出，尤其要当着阎的面提出。那不是'进山中学'在撤离太原时停办了吗？在吉县恢复起来，这是我的愿望。最初创办的设想是：如果开办的成功，还要开办进山大学呢，所以一直叫进

山学校，31年在上兰村建校才改为'进山中学'。这不，一个战乱，不要说进山大学了，就连开办十几年的中学部也停办了。我是多么想听到孩子们的朗朗读书声呀！"

宗复领会了父亲的意图，并在一次"同志会"召开基干会议时，宗复利用会议休息时间和纫斋、中枢、维书等人商量说："这几天开会有人议论他们的子女小学毕业了，以后上中学困难很大，附近没有中学。抗战以来很多青少年失学，真需要在咱吉县或是隰县办所中学，不能让他们荒废了学业。"

纫斋压低了声音说："要办学校就要找志同道合的同志办，把学校掌握在我们自己人手中，才能把学校办好。"

几个人你一言我一语地议论："办学校实在刻不容缓，战争不论打多久，我们一定会胜利，打完仗了百业待兴，要人才、要干部，应该及早培养。""唉！战前进山中学是一所很有影响的学校，抗战爆发停办了，咱们建议恢复进山中学。""对了，创建进山学校时不是阎会长的挂名校长吗？恢复进山中学，再让阎会长当挂名校长我想他不会不同意。"

宗复边听大家议论边思考，想到王世英同志讲过中央对白区工作的方针是：隐蔽精干、长期埋伏、积蓄力量、等待时机。办一所学校既可以掌握一块教育阵地，为革命事业培养人才，又能利用公开的工作秘密潜伏。他又想到二十年代进山学校创建的第二年，就建立了社会主义青年团支部，紧接着共产党支部孕育而生，师生中的共产党员、青年团员在反帝反封建的革命斗争中发挥了重要作用……

于是赵宗复说："对！咱们就这样说：阎会长创办进山学校，为三晋培养栋梁之才业绩辉煌，为了弘扬进山学校尊师重教的优良传统，培养复兴人才，建议恢复进山中学，仍然请阎会长兼任校长……不过咱们不能把学校建

在克难坡或附近，我考虑过，要办就在隰县，隰县曾是政治交通局驻扎之地，有群众基础，有利条件很多。"

大家都表示赞同，纫斋说："宗复，我们说干就干，让赵主席同阎会长说说。"

宗复有些迟疑，但又考虑到他们都是年轻人，怕提议不够份量，还是父亲出面好，父亲不想见阎锡山，是一时两人的政见分歧，但交情还在，父亲是因为阎锡山不存民族气节，怕他最后成为民族历史的罪人。于是宗复说："好吧，我去说说。"

纫斋马上说："唉，不能只说说而已啊，要说就要成功，我们可就等你的好消息呢，再说让我也再过过当教师的瘾。"

赵宗复当晚就回到了克难坡，与父亲谈了他们大家想在隰县一起恢复进山中学的想法，还让阎锡山当挂名校长，同时也说到顾虑他们年轻与阎锡山搭不上话，还请父亲助一臂之力，亲自出马与阎锡山谈谈。

赵戴文听到年轻人能如此扑下身子来投入教育工作，让他很是欣慰，便高兴地说："没问题，只要能把进山中学恢复办起来，赔上我这张老脸也值。"

第二天，朝会上，赵戴文首先就同阎锡山及几位高官们提交了在隰县恢复进山中学的提案。因为是赵戴文所提，阎锡山非常重视，他有意识地想维护三十六年来生死与共、亦师亦友的和睦关系。

阎锡山面带笑容地说："次陇先生不愧是咱山西省教育界的旗帜人物，在战乱时期还不忘国家之人才培养。人们说：蒋介石有杨永太，阎锡山有赵戴文。可们感到，他次陇先生心中装的是全省人民，们自愧不如，们要大力支持咧！"

几位高官也是频频点头表示赞同，第二战区副司令杨爱源说："赵主席

的提案中提到请阎会长再任进山中学的校长一职，我非常赞同……"

阎锡山马上摆摆手说："只是个挂名啊，十八年前进山学校创建时，就是赵主席一手操持的，这十八年后吗——"阎锡山侧头想了想说："们想让赵宗复来操持进山中学的恢复工作，大家意下如何？"

几位高官点头异口同声地说："赞同。"

就这样，进山中学的校长一职，由阎锡山兼任，赵宗复为校务主任，实际行校长之职，后又改称为校务长。宗复聘请阴纫斋作为他的助手，担任训育主任，并从原在政治交通局工作过的人员中选聘了武国衡、刘鑫、李锡典以及在牺盟会工作过的刘天德等人投入了恢复进山中学的筹备工作。

根据赵宗复的意见，利用已停办的原隰县省立第九中学的旧校址建校。赵宗复又通过各种关系把战前在大、中学校任教的富有教学经验的教师和高等院校毕业并热心教育事业的青年，邀请来校担任各科教学工作。

阎锡山嫌赵宗复遇事总请示汇报的，于是过了一段时间，阎锡山正式任命赵宗复为进山中学校长。

进山中学沿用创建初的"为救济天资聪慧学行皆优之贫寒之子"之校训，不收任何学杂费。实行战时供给制，学生按军队士兵待遇供给衣、食、住。进山中学终于在天时、地利、人和都具备的条件下完成了复校工作。

消息一传开，不仅是山西境内的青年纷纷报考，邻近各省如河南、河北、陕西等地不少青年也要求报考，日寇占领区的青年冒着生命危险穿过封锁线来进山中学参加入学考试。但由于条件限制，只招收了五个初中班。

1941年10月28日在进山中学（原隰县山西省立第九中学）的露天操场上，复校开学典礼举行了。赵宗复首先讲话，他开门见山地说："老师们，同学们，我读了鲁迅和高尔基的文章，我把他们文章中的几句警言串连起来读给大家，因为它们给了我有力的激励与鞭策，我把它们献给大家，愿与大

【晋学文化之旗帜人物】

家共勉。"接着他铿锵有力地朗读到：

我们是青年猛士，我们是青年猛士！

敢看惨淡的人生，敢见淋漓的鲜血。

敢说、敢笑、敢怒、敢叫、敢打、敢骂！

对内团结驯如羊，对外抗战猛如虎；

我们誓不做俘虏，大敌当前不低头。

让暴风雨来得更厉害些，那钢铁的声音为青年进步响彻宇宙！

多高的山，多远的路，有腿，有脚就能走。

耻不若人的志气，要把世界进步精神一齐来吸收。

第五十二章　编演讲稿　立临终言

　　"克难坡"是一个黄土山头，有五条南北向的山沟，沟口都有一小块冲积平原。二战区机关迁移此地时，在各山沟中挖建了不少窑洞，居中的沟定名为一新沟，向东依次定名为二、三、四新沟，一新沟西面为西新沟。阎锡山、赵戴文住在一新沟，各机关、团体、学校、工厂等等分别住其他各沟。各沟口的平地上建有供会议、办公的称为"实干堂"、"乐干堂"的平房。阎锡山、赵戴文住处前面有一个广场，建有一高台为"洪沪台"，阎锡山、赵戴文每天在此举行朝会集中军政人员训话。

　　"克难坡"还有个砖砌的长形窑洞——进步堂，这是赵戴文特设讲学集会场所。赵戴文在进步堂建成后直至1943年6月，一直在此处为军、政首脑干部，营以上的军、政干部讲学。主题内容是方方面面："瀛环志略"、"孟子学说足以救世界"、"军事理论"、"军事对敌谋略"、"孙子兵法"等等。

　　更让赵戴文细致入微地讲解的是"明明德"。他把"明明德"比作"活东西"，要人们的"明明德"活跃起来，发扬"良知、良能"作用：

　　大学之道，在明明德，在亲民，在止于至善。知止而后有定，定而后能静，静而后能安，安而后能虑，虑而后能得。物有本末，事有终始。知所先后，则近道矣。

　　古之欲明明德于天下者，先治其国。欲治其国者，先齐其家。欲齐其家者，先修其身。欲修其身者，先正其心。欲正其心者，先诚其意。欲诚其意者，先致其知。致知在格物。物格而后知至，知至而后意诚，意诚而后心正，心正而后身修，身修而后家齐，家齐而后国治，国治而后天下平。自天子以

至于庶人,壹是皆以修身为本,其本乱而末治者否矣。其所厚者薄,而其所薄者厚,未之有也。此谓知本,此谓知之至也。

赵戴文还围绕《论语》、《孟子》、《中庸》、《大学》等四书五经,讲"齐家、治国、平天下"。赵戴文具有摩顶放踵的精神,多讲廉洁、节操。他要让干部学大禹"卑宫室、恶衣服","胼手胝足为大众服务"。他对坏人恶事、贪污腐化者非常气愤,有时举起手杖大声痛斥,声震屋瓦。他讲后的每一篇、由秘书记下的讲演内容,他要重新看一遍,经他补充修正,定名《赵次陇讲学录》出版。

赵戴文一生著述颇丰,要者有《孟子学说足以救世界》、《禅净初谭》、《清凉山人文稿》、《读经隅笔》、《唯识入门》、《周易序卦说》、《周易翼邵补正》、《读藏录》、《宇宙缘起说》、《孟子学说》、《答问录存》、《军事讲演录》。

赵戴文自夫人姚松贞死后,心底留有很深的自责之意,所以,晨曦、昏暮常手数佛珠,对着《金刚经》、《般若波罗蜜多心经》喃喃念语,因为他非常内敛,谁也无法排解他心中的忧苦。从那时起,更对佛学理论深入研究直至透彻,对身外之物是淡之又淡。赵戴文一生不置家产,不事积蓄,不跨入商界投资工商企业。也从不过寿、请客。婚嫁不做幛礼,丧葬不发讣文。自己恪守八条原则:

1. 没有瞒过一文钱,清清白白,廉正自守。

2. 没有瞒过一个人才,有一点长处的人,总想说出来。

3. 没有推过一时懒,凡请他办的事,一定尽心竭力去办。

4. 没有畏过难,无论多难的事,认为该办就办,不管得罪人。

5. 没有显自己才能的意思,即根本未宝贵过自己。

6. 没有轻视过人,对什么人也不轻视,即对差役也是如此。

7. 没有厌过学。虽在病中,也不肯间断用功。

8. 没有倦过教诲人,对任何人,不惜三番五次地教诲。(他本人虽谦逊

和蔼，但对人也很严肃，尤其对不好的人，毫不留情面地予以教训和指责。）

1943 年，世界反法西斯战争由于同盟国已经取得了战争的主动权而胜利在望。在有利的国际背景下，中国人民浴血奋战坚持了六年的抗日战争也明显透出了胜利的曙光。这一年，赵戴文的肝病发展到了晚期。自知不久于世的老先生，对世界的未来充满着不尽的期望，来日无多的迫切性使他对一些问题的看法如骨鲠在喉，不吐不快。直至 9 月 30 日整理完成他在各种场合的演讲稿，将其汇编成册，题为《希望世界和平之遗言》：

《孟子学术足以救世界》 （民国二十年四月一日在洗心社大自省堂讲演）

《无恒产而有恒心者二节》 （四月十三日在国民师范讲演）

《孟子为政之方舆求学之术》 （四月十五日在洗心社大自省堂讲演）

《孟子是真正的社会主义》（四月十七日在平遥为五区各学校教职员讲演）

《鱼我所欲也全章》 （四月二十日在国民师范讲演）

《就政治法律说明孟子学术足以救世界之道理》 （五月九日为育才馆行政练习所学员讲演）

《公平制度》 （五月十日在学术讨论会上讲演）

《大家有饭吃有衣穿有屋住有学校求学》（五月十三日在洗心社大自省堂讲演）

《军阀政客官僚资本家须翻然变计》 （六月七日在洗心社大自省堂讲演）

附：

《平遥讲演》

《祁县讲演》

文章从中国传统的"大同"思想出发，多为未来的世界进行一番堪称完美理想化设计。

并向中央政府行政院建议四案：

1. 恢复从祀孔庭之制的提案。

2. 扶助陕西三原之清麓书院的提案。

3.奉清鸿儒任启运从祀孔庭的提案。

4.聘太虚上人代表佛教为参政员的提案。

在 12 月 25 日做完上述一切后，赵戴文开始安排他的后事。他正式立下"临终遗言"：

1.七十余年，事多怨尤，生期报尽，岂堪再留。

我殁之日，当日就要棺殓，灵柩上书：中国国民党党员赵某。

并筹备祭纸、祭仪、祭席，二日祭，三日出殡掩埋。

2.掩埋之地点在西新沟生圹附近，找一窑洞教王梅去住（系主席侍从副官——编者注）。

3.电赞甫（系主席之弟——编者注）告三原全家眷属一个也不必来克奠祭，合家人在三公祭一回就好了。

4.电外戚张复之、杨式达、崔丕承统不必来克祭，只各在各家私祭私哭那就好了。

5.再我殁后只电国民政府与中央党部，其余统不必电告。

6.三日掩埋后登报声明：丧事已办毕了，俾众周知。

中华民国三十二年

十二月二十五日

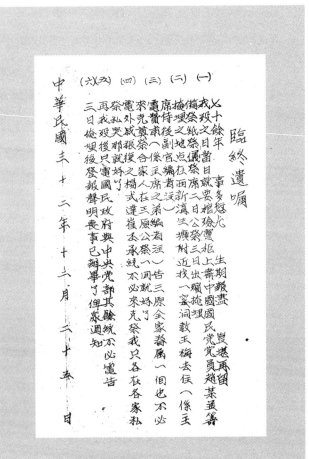

第五十三章　辞别尘寰　犹存遗范

1943 年 12 月 27 日（农历腊月初一），上午 9 时 40 分，因患肝癌，医治无效，赵戴文走完了他的人生最后旅途，在克难坡的窑洞里静静地离开了人间。享年七十七岁。

当日下午 6 时入殓后，灵柩移入实干堂。四周挂满各机关及生前好友送来的花圈、挽联、挽帐。中央挂赵戴文遗像，上悬阎锡山挽联"丧我良友"四个大字。两旁悬挂着杨爱源和同志会的挽联。同志会的挽词是："明德照耀千古常作同志看齐标准，精神充满宇宙永留革命行动指针。"

27 日下午，赵戴文治丧委员会成立，由杨爱源、张树帜、孙楚、王靖国、赵承绶、王怀明、郭宗汾、王谦、王平、邱仰濬、梁墩厚（化之）、黄树茉、宁超武、关芷萍、武绍之十五人组成，共举杨爱源、张树帜分任正副主任委员。该会决定 28 日上午 9 时家祭，11 时亲属祭，下午 1 时举行公祭，2 时各机关团体举行个别祭。29 日殡葬。

28 日，山西"民革社"用"中国国民党山西执行委员会主任委员、民族革命同志会副会长、山西省政府主席"衔，在《阵中日报》及其他报刊头版头条，

以"赵主席昨晨逝世,当日下午入殓,明日殡葬,三晋民众无不同声哀悼"为题发出讣告。丧葬期间,晋西各县机关团体均下半旗,军政人员都胸戴白花志哀。同时,重庆中央社也在显著位置向全国发了赵戴文逝世的消息。

同日,晋省干部训练班全体人员在秋林举行哀悼仪式。挽联上书:"治军治民治国一本明德期邦治,成己成人成物万民哀经哭老成。"

在赵戴文去世时,阎锡山正在吉县建军,匆匆赶回克难坡以素菜清茶致祭于赵戴文之灵前,并亲笔写祭文悼奠,由何范五宣读祭义:

生身者父母,身生者真理。真理宇宙根,收获如你期。

乾惕七七年,时恐不尽已。欲壳力冲开,此生你不虚。

一切为教场,明德于社会。此志你未遂,我定继你为。

你归我不痛,惟觉知音稀。愿你成其学,化育赞天地。

27日上午,蒋介石得悉赵戴文逝世的消息后,甚表哀痛。先以国民党总裁名义向其家属发唁电:

次陇先生,清贞亮直,吾党耆贤,尽瘁革命,罔恤其躯。连年主持晋政,随军转战,抚辑闾里,和协军民,更历百艰,勋勤弥著。讵以积劳,遽归组谢。中正凤承匡益,追怀旧谊,痛悼尤深。哲仁不作,遐迩所悲,遗范犹存,永资楷式。惟望节哀承志,藉慰先灵,特电致唁。

然后又于当日,以国民政府主席身份,特派铨叙部部长徐永昌为其代表,由渝抵山西省吉县克难坡致祭。28日上午10时,由杨爱源率领各首脑部各机关主官郭宗汾、王怀明、宁子高、梁化之等三百余人到赵戴文灵前陪祭。上香、献花圈、献馔等仪式后,旋即由魏日靖宣读蒋介石祭文如下:

蒋中正谨以香花之奠,致祭于赵公次陇之灵曰:

五台峨业,滹沱潆溇。山川雄伟,踔越尘寰。时维哲人,挺生其间。

为国之帧,匡济时艰。岳岳赵公,轩轩霞举。植身励志,周规折矩。

遐游三岛，纳新吐故。志在春秋，修途骋步。誓拯期民，誓恢神京。

慨当以慷，厕身同盟。讲学晋阳，乐育群英。黄钟大吕，喤喤厥声。

磨砺以须，抚髀而叹。三晋云山，何时复旦。骤闻义旗，飘扬武汉。

桴鼓之应，当机立断。倥偬军旅，劬劳案牍。抚辑疮痍，回旋钧局。

目张纲举，春和秋肃。教施流行，民生有穀。秉政中枢，德化是敷。

不求速效，不为近图。望之俨然，朴素之儒。匪躬謇謇，是则是模，

夷岛犯顺，变起芦沟。凶锋所至，爰及并州。国赖老成，保民运筹。

鞠躬尽瘁，敌忾同仇。挽枪欲消，爝火待烬。大星忽沉，风悲月晕。

公身虽逝，公目未瞑。哭公慰公，戎衣迅定。稽公之政，懋绩堪崇。

溯公之行，硕德堪风。岘山堕泪，棠荫无穷。灵兮来格，控虬策龙。

哀哉尚飨！

当他的灵柩在西新沟生圹安放时，重庆国民政府特派徐永昌（抗日战争期间任国民政府军令部长）到克难坡致祭。

赵戴文的安葬仪式定于 12 月 29 日 12 时举行。11 时 30 分，公祭开始，由杨爱源主祭。旋即，移灵出殡，由王靖国担任总指挥。首由武装宪兵、步兵各一连为前导，继后者为仪仗队、挽联队、军乐队、雅乐队鱼贯而行，秩序井然，悲抑肃穆之气氛笼罩山城，人人都戴孝，无人不滴泪。军政高级干部、来殡执绋者三百余人。祭土安葬仪式依次进行。

妇女儿童各界亦选派代表参加。总计军政民各界参与送葬者，不下五千余人。阎锡山躬亲送葬，并入墓穴检视，频频以手帕拭泪，悲痛逾恒。午后 1 时祭土安葬仪式依次进行，2 时礼毕。

至此，赵戴文老先生怀着抗战未胜、谋求世界和平没成的遗憾，带着三晋大地民众和国府上下各级人员对他的缅怀之情，安眠于黄河之巅的克难坡四新沟，日夜伴随着象征中华民族之魂的黄河之水，含笑九泉！

赵戴文在 1943 年 11 月初，病情进一步恶化时，他已预感到自己将不久于人世，于是便开始思考和安顿后事。他所想到的第一件大事，就是要亲自监督匠人筑就墓碑，上书"中国国民党党员赵戴文之墓"。虽然他历任国家多种要职，但这是赵戴文给自己留下的唯一的头衔。其余一切政治身份、官衔概不涉及。他何以如此？时任山西省政府秘书长宁超武说："赵主席曾说过'所有官职都是别人给我的，予夺在人，都不足为贵。只有国民党党员是我自己选择的……'"后人猜测：大概表示他早年追随孙中山先生参加同盟会为中国国民党党员，终为中国国民党党员吧！

1944 年 1 月 9 日，国民政府行政院副院长孔祥熙派代表张泳赴山西吉县克难坡四新沟赵主席墓前致祭。1 月 10 日，驻扎在陕西的中央军第九十军军长李文的代表傅谟亦到赵戴文墓前致祭。紧接着四川省主席张群以及国府军政大员张发奎、马鸿逵、冯钦哉、陈果夫、程天放、赵守钰等人也相继发唁电致祭。

1944 年 1 月 11 日，国民政府发出对赵戴文的褒扬令："山西省政府主席赵戴文学识闳通，志行清介，早岁精研性理，抗志先贤。洎入同盟，即以实行主义为职志。晋省光复时，曾参戎幕，并统师旅。南北统一后，入赞中枢，要职迭膺，允孚众望。近年主持晋政，随军转战，抚辑灾黎，锋镝星霜，忧勤备历。方期硕画苁界，遽闻溘逝，痛悼良深。应予明令褒扬，交考试院转行铨叙部从优议恤；生平事绩，存备宣付国史馆，以示政府笃念勋耆之至意。此令。"（1944 年 1 月 13 日《阵中日报》1 版）

为了发扬赵戴文老先生之明明德精神和搜集先生遗著，即于 1944 年 1 月 12 日下午 3 时，在克难坡进步室召开"明明德学社"成立大会，推举杨爱源、徐培峰、宁超武、王怀奇、贾温、王怀明、梁化之、邓励豪、刘杰等二十人为理事，阎锡山发表书面训词，指示学社"要学习赵副会长行儒者之行，

以仁爱心收常人所不能收之效"。

1944年2月13日上午1时,西安各界人士四百余人于山西会馆隆重举行赵故主席追悼会。首由熊斌、彭昭贤分别致祭后,旋即由胡宗南带领其部各级单位负责人谷正鼎等多人分别致祭与来宾公祭。会场布置简单朴素,力求能符合赵老先生生平尚俭之遗风。

1945年日本投降后,全国人民大快人心,山西省政府迁回太原时,众议:请赵戴文省主席之灵柩由晋西回太原。于是,太原各界举行了隆重的迎灵仪式,先停灵文庙三立阁进行祭奠,后经国民政府决定,举行国葬仪式,并于1948年秋又从文庙移柩太原市上兰村窦大夫祠旁,赵戴文的"念佛堂"后院安葬,与傅青主霜红龛故址为邻。墓高1.5米,围长10米。竖碑上书:中国国民党党员赵戴文之墓。

附录一　唁电（部分）

蒋主席唁电一

次陇先生清贞亮直，吾党耆贤，毕萃革命，固恒其躯，迭年主持晋政，随军转战，抚辑闾里，和协军民，更历百艰，勋弥著。诞以积劳遽归，阻谢中正，凤承匡益，追怀旧谊，痛悼尤深。趋人不作，遵通叭悲，遗范犹存，永资矜式，惟望节哀承志，籍慰先灵，特电致唁。

冯妻员玉祥唁电二

惊悉次陇先生病逝，老成凋谢，国失栋梁，至为伤悼，曷希节京顺变，移孝作忠，特电致唁。

何部长应钦唁电三

闻报惊悉次陇先生仙逝，哀悼莫名，寓会次陇先生年逾古稀，勤劳党国，鞠躬尽瘁，史来流芳，此次星沉南极，应节哀顺变，伟懋吴爽，谨电致唁。台城遗尘寰务望。

孔副院長祥熙唁電四

次隴先生鄉邦耆宿愛國碩彥中樞宣勤樹自治之基礎鄉

邦主政輔戰之宏圖一朝遽逝感悼同深現在抗達大業

方在中途所沖為國所哀以康先志特電馳唁

朱部長家驊唁電五

次隴先生束髮修身白貴不懈馳驅革命早著勛華虎崞

共和功在邦國書碩德会謝於前愛政勞形有愉於往

威慈達之痛遽通同惡敬電奉唁務祈節哀順變效承

先志為禱

王秘書長寵惠唁電六

遵囑次隴先生謝世傷悼曷名遺範猶存典型如在務

祈節哀順變以慰先靈特電奉唁幸察

陳部長果夫唁電七

次漱先生忠党愛國道義文章天下楷式遽爾蜀膺痛悼無任

御京順慶以達遠志特電致唁

陳部長立夫唁電八

靈南次漱先生趙世耆英殞謝民失儀型瞻望弔雲蜀

膺悼嘆特電致唁諸希節哀

張之席群唁電九

次漱先生耆德公忠勳在黨國軍興以還大臻苕萃悼無間

折世愴悼無膺道遠不克躬吊敬電奉唁南祈節哀順

變勉承遠志是禱

馬之席鴻逵唁電十

吹肉柏載弱惠次公老伯仙逝悲悼殊甚惟思老伯德溥

於御勳留臺國歸真天上去愾人間尚祈勉抑哀思用襄

巧伤又宣化波成李冬日早闻之吾云山偏映品至官此事

家编素特電致唁

傅剑了官辰言作战唁電三十五

悅向次獻先生遊世忠亮身殉國一代完人大其盛德勛業彰

炳于秋仰止之仰彌殷悼喬新代向顷老家属致唁忱

趙姜豆辰守鈺（黄四州刑妻呈念）三十六

庚宿驚卷次獻先生仙逝良深忽悼特電致唁美帝節京為师

丁妻兄惟昉唁電（中央亮部）三十七

次獻先生寿考珥德弖学博深澤被三吾世所共仰赞襄華

命精诚言向驚卷遗逝忽悼殊深特電致唁尚望勉抑

亮思以继遠志

果部辰寒操唁電（中央亮部宣传部）三十八

南招驚卷次獻先生候作仙遊先生壳國老威以沒考奠比年庆

附录二 祭文（部分）

祭文一　　　蒋中正

维中华民国三十三年一月蒋中正谨以清花之奠致祭于赵
公次陇之灵曰五台戴业涛沱游泳山川雄伟踔越尘寰时
维挺生其间为国之桢匡济时艰嶽之钟公轩之霞举

植身励志周规折矩遨游三岛纳新吐故志石春秋修途骋
步誓极斯民誓怀神京慨当以慷同身同望讲学晋院乐
宵厚英黄钟大吕喤喤欧静磨厉属以须挟髀高叹三晋云
山何时绩旦骤闻义旗飘扬武汉椎鼓立言机立断倥偬
军旅勋劳案牍撫辑瘼瘴迴旋钧局目张纲举春和秋肃
教施流行民生有穀秉政中枢德化是敷不求速效石为远图
望之俨然樸素之儒胚形謇謇是则是模岛夷犯顺变
起董冓山锋折主爱及并州国赖老成保民运筹鞠躬尽
瘁敌忾同仇揽枪欷歔燔大待姬大星忽沈风悲月单

庶有蒸尝印

祭文二　　　　　　　　　閻錫山

中華民國三十二年十二月二十日台錫山以素業清榮致祭於次

隨之靈前曰生身者父母生者真理真理宇宙振收

護如保期乾惕七之年時恐不辱己慤殼力衝尚此生保

不虛一切為教場明德於社會此志保未遂我定建保為保

歸我不痛惟覽知音稀願保成其學化育贊天地

213

祭文三　徐永昌

维中华民国三十三年一月徐永昌谨以菜肴之仪致祭柾赵
公次陇先生之灵曰惟公与崢比邻相望仰公声名自我少壮
四方奔走迨之廿年言返故里始识乡贤颂洪钟发响部启
一洗颓接清光如饮醇醴周旋曰久教益弘多示以摸楷引
与切磋继我主吾张绘振峦猛以济宽刮目观治抗战事
起随军驱驰据鞍比驭矍铄姿姿前年我来促膝长
对但喜时艰闯恒躬瘁劲气不减英英有神方期避寿
选福斯民一電惊传竟告化姜此哲人犀怨以诧南仞
示疾卵知大期既达生死仍奋献为今来哭云幽明顿隔冀
瞻顾眉徒伤陈迹五之为学约守博施泉涌不竭镜以
会疲公之立身存诚主敬外笃儒修内耽艺行甘饴受和音
大多窘通情辨识善与人同震性自冲接物若属卓然

第一戰區司令長官　陳　誠

維中華民國三十三年九月二日中國國民黨中央執行委員

會委員第一戰區司令長官陳誠謹以香花清酌之儀

致祭於故中國之民黨中央暨察委員會委員前內政部

長及山西省政府主席趙先生次隴之靈前曰嗚呼先生稟

性淵純溫慕克儉賀橫立誠泛古功密涵德洞身葦術

三絕學績經綸中樞倚重歷歲宦勤出任封疆懋著

政声昔親聲嗽清海諄之音容如在琴書浣塵拾金

今昔洏涙滿襟生芻一束崖尖微忱嗚呼裛哉尚饗

祭文五

中国之民党中央执行委员晋擴情
中央监委 妻贞胡宗南
三十六集团军特种部特派员陶峙岳
中央陆军军官学校中第□□事略周志学

维中华民国三十三年三月十日晋擴情胡宗南陶峙岳周志学

谨以香烛纸帛之仪致祭於我赵故主席次陇先生之灵

荀昌呜呼恒山苍苍汾水汤汤厥生赵公为国之良幼学

批行奋志革命排满讨袁风族革劲民国摩造圣赞阎

公卅年德教三晋景运甫中底定入佐枢府明畴百官澄清

一宇摘之晋政□和政通诬思所督有心皆同岛夷入寇门

广大南云山北何风雨东来千里河防三秦保障全仗折

衡夫豐云懋年奋吉稀师致匪夥北匹云阴底府府障

封国失方艰胡去不再杖忆中流怀朔廓庙感时叹折

来奠椒浆水敢允霹爽霞扫秕糠尚飨

216

祭文七

第二戰區副司令長官楊愛源

維中華民國三十三年十二月二十七日、第二戰區副司令長官楊愛源、

謹率全體同志以清酌素饌之儀致祭於故副令長

之靈前曰、昊天不弔大雅云亡、進懷杖履倭易星霜維云

之字程朱陸王既漸較入室升堂甲冑同盟計後炎黃

良為擇木相得言彰風塵際会首載晉陽籌運帷幄

績著祈宗中樞詡贊一振紀綱重為霖雨高友鄉邦心傷

事瘁力疾戎行矢誓志切胡羯老氣猶昂云身蚤去云志未

債後死有責同仇敵愾立言載嶪九曲汪洋霧旗風馬来

格来尚寅饗

附录三　挽联（部分）

联一

卅载同艰濟解决挽诏云信崇朝永诀失我良傅
七年共艰善收後山河欣有期一篑未成责後人

第三战区副司令长官　杨爱源

联二

为天戒为逆義之文砥砺匡勤契合卅年如一日

山西省政府委员　王怀明

联三

墨守身於业剃之外肅咽正立罄香百世连三事

张树帜

联四

志在匡时校国储伊匪测於顷刻谁能有是神机
公可举命之勤挟辅善政三千载自惭帝廷左太

山西高等法院首席检察官　郝毓琮

联五

生有所未设有所归
冬日可爱夏日可畏

山西建设厅厅长　阎氏权

功名满天下鞠躬尽瘁志事追配武乡侯

联十

边承厚
县王敬诸国侯

四十年协助领袖致力革命抗倭尚未成功顷令组织表元老

香海编隐人民齐待解放同志仍次奋斗顾故典型逝河山

联十三
缀学 方 闻

鞠躬尽瘁死而后已诸为云云又上之年烈

联十

辅世长民功成不居李邦侯赠武惠之遗风

孙 楚

循声遍宇而讴歌载道于秋遗爱在悲恩

联十

德政树梓邦祭民先依勒心铭碑皆有状

联十三

举满乡邦袞耸百世

朱宗骅

功在定国模范千秋

勤業史秉一辦心考晚德範

銘勒吾嶽千秋浹墨酒遠碑

　　　　　　　聯八十二

走國元老遠頻泰山失所仰

民族需魂崇存正氣四人間．

　　　　　　　聯八十三　　　受業陶封錫

　胡宇南

生那者報知那者石甘年杖履追陪泰列門牆秦冬日

用人不疑誨人不倦一割那言君緯渺悵以机李別春風

　　　　　　　聯八十四　　　楊愛豐

四十餘載心忠走國千古同欽偉烈

六七年来教育狂簡一朝痛失良師

　　　　　　　聯八十五　　　董垚

姜教言訟屋信の海強綸不林

附录四　一周年纪念

1944年12月27日，是赵老先生逝世一周年，山西省有关人士辑发《副会长周年纪念特刊》一册，以诗文缅怀故主席和颂扬其功德。

忆公病剧时，欲言语多塞；戒做人间事，须立世界则。

深愧为俗累，又被簪组勒；竭力祛我私，冀明我明德。

午夜常扪省，错误何人克？不堪回首处，空庐在东侧。

（杨爱源先生）

次公逝世一週年紀念

憶公病劇時　欲言語多塞　戒做人間事

須立世間則　深愧爲俗累　又被簪組勒

竭力祛我私　冀明我明德　午夜常捫省

錯誤何人克　不堪囘首處　空廬在東側

杨愛源誌懷

副會長逝世週年紀念

學闡孔孟　旁澄於釋　聲著洪鐘　勳爲世則

政致布敷　功垂黨國　仁至義盡　忠貞組織

至誠前知　從容以陟　元老歸眞　浩氣充塞

典型在茲　夷考可得　緬懷導師　唯明明德

孫楚敬誌

龙马精神海鹤姿，还从道德见威仪。天教父子宣新铎，世重先生作导师。

化下棠风馨且远，宇中烽火靖难期。讴歌早铸千秋论，何待桐棺盖始知。

（王平先生）

次翁趙老先生逝世一週

龍馬精神海鶴姿還從道德見威儀
天教夫子宣新鐸世重先生作導師
化下棠風馨且遠宇中烽火靖難期
謳歌早鑄千秋論何待桐棺蓋始知

王平鞠躬

副會長次公逝世週年紀念

公之治事治學，至大至精，貫通融會，一本乎聖經賢訓，而恃之以力行，養氣以清，明德是崇，闡揚修齊治平之大道，斸求實現大同之治於當代，其精神與人歐相之偉大，誠可作後生之師表，垂範於奕世，豈不懿歟。

吳紹之敬題

……

清廉终身守，忠贞毕生矢。力学永不厌，诲人无倦时。

明德照宇宙，伟业载国史。遇才从未瞒，虽役不轻视。

……

（孟际丰）

追念　副會長　　　　　　　　　　　　　　孟際豐

歲寒想音容　哲萎已凋逝

忠貞畢生矢　力學永不厭　誨人無倦時　清廉終身守

明德照宇宙　偉業載國史　遇才從未瞞

雖役不輕視　學習副會長　願隨諸同志

次老逝世週年題詞

清涼嶽嶽　勝境絕塵　佛光普照　文殊現身

躋臺開府　有腳陽春　爰整師旅　嘗共晨昏　遽奪斯人　天胡不弔

他山攻錯　直道猶存

欃槍未掃　霜露已陳　愴懷元老　淚灑滄州門

謝瀍拜稿

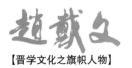

附录五　百年诞辰纪念

趙戴文先生百年誕辰紀念題辭

一次隴先生百年誕辰紀念

典型永在

蔣中正

二次隴先生百年誕辰紀念

開濟勳名北來格平歆尚克相中興事業

修齊道德尊其言行應長留三晉雲山

嚴家淦

三次隴先生百年誕辰紀念

永懷道範

張犀敦獻

四次隴先生百年誕辰紀念

一代完人

李正樂

五次隴先生百年誕辰紀念獻詩

清穆天下望　經世本其誠　脆與閻康濟

物我與同春　志佛之所志　行儒之所行

為政原在學　懍惕君子心　廉謹尚儉德

漆禹以自勤　三晉雲山間　蒸民劫火深

佳城鄰青主　霜紅暨丹忱　高山同仰止

海濱故人情　　　西崖陳邁子敬撰

六、抱隴老先生百年誕辰紀念

英聲千祀　　御晚張岫嵐拜書

七、同舟風雨合良儔革命艱辛仰杜獻百歲

光陰彈指頃儀行佛志足千秋

次隴先生百年誕辰紀念　馬超俊　沈慧蓮同拜

附录六　父训回忆笔记

　　1944年阎锡山的政治组织——民族革命同志会，在赵戴文逝世一周年之际，特出专刊以纪念。此时，作为在晋奉亲、葬亲之子的赵宗复，在父逝悲痛之余，写《父训回忆笔记》专文载此专刊中以悼念之。该文分段叙述自幼及长至父逝，父子相处经历及彼此思想信仰，相通相异等诸多沟通交流情况。读其忆父笔记，使人不仅对彼父子关系有所了解，而且对作为民国和山西重要历史人物之一的赵戴文，亦有进一步的认识。

　　父亲过去了的初几天，他的声音笑貌时刻没有离开我的耳目，我不能相信父亲是真的不在人间了。虽然握了父亲临终的手，看着给父亲换了衣服，当日棺殓，次日家祭、公祭，三日出殡埋葬，一一遵奉着遗言迅速地做了；可是在紧张的进行中间，几乎没有时间考虑这是真的还是假的。一直等到这一阵子紧张过去，翻开报纸看到巨人长眠地下的黑边标题，这才觉得父亲是真的不在了，跟着而来的是一种难堪的寂寞——有生以来所没有经历过的寂寞。

　　长官阎公（注：指阎锡山）在亲撰的祭文里有两句话"你归我不痛，惟觉知音稀"，我以为这是一种最真实的情调，稀和寂寞正是相同的感觉。当然由于地位、关系、历史的不同，所感同，而所以感是不相同的。

　　我尝想为什么寂寞之感竟会超过了悲痛的心情呢？回答是我和父亲的关系经常是很热闹的，这"热闹"两个字是不大合适些，但却较为真实些。

　　父与子往往保持着相当的距离，甚至属于两种不同的典型，特别是在所谓历史上的转型期。世界许多文学名著都喜欢反映这类事实。父亲同我的关系没有重复这条路，这是由于父亲给我了相当的养育，更给了我开明

的教育，父亲指导我学习，我也贡献他意见，我们在各种问题上互相辩论，同意了我们会大笑起来，不同意的时候有好几天的思考思索，可是有一点必须提及的，父亲除了说服以外，从来没有企图强制我承认他的任何观点，类如释迦牟尼主义。他鼓励我学习，我也确实认真学习了，但始终不同还是不同，并且他也很喜欢我不随便信仰，虽然有点失望。

尤其令人不能忘记的，是父亲的教育方法，不重在知识的灌输及教条的传授，他最善于在最适合时机，具体地给你解释和用他的行为供给你一种经验。所以我可以说父亲和我的约谈联系——生活上及精神上——是无止境的，是密切到无以复加，经常保持一种基于同情的欢乐。我们的家庭，虽则近来情况凄凉，但父子之间的热闹，却一直维持到父亲的安息。

自从父亲过去，这种热闹再也不会有了，相反的，寂寞空虚之感随时侵袭，特别在某些时候。那么重温一下父亲的言行，对于我，或者对于一般喜欢听他说话的朋友，有种学而时习之的帮助吧。

原本很想给父亲写本传记,为自己及家里的人随时看看"父之道",不过,一本真实的传记是很难写的,子不议父的话还是得遵守的,只好用这种回忆录的形式,择其可写者而写之了。

（一）

我幼年时期的父亲的印象是比较微弱的，只记得父亲早出晚归，一天很少在家里，他没有给我讲过故事，也没有抱过我。偶而同我们在一起吃饭，态度老是很严肃，不，简直有些可怕。不过，每逢父亲在家吃饭的时候，照例总要从长官的厨房里取几样菜回来，所以一方面觉得父亲严肃，一方面觉得父亲可爱，这大概就是《论语》上所说的温而厉吧。

记得比较清楚的有这么几件事。

父亲实在是位矫枉过正的人。他一生遵守着不引用亲戚的原则，连举

贤不避亲的道理也似乎不去理会。我的两位舅父从老家到太原投奔他，他却都叫入伍当了兵，大舅父不幸在民国初年某次战役死在湖南。母亲对此自然伤痛得很，因此非常厌恶打仗。我记得大约有七八岁了，正月里，用叩头赚下的钱买了一把玩具大刀，母亲硬逼得我退了，不准我玩刀弄棒。可是父亲并不反对，有一次还拿上我的三股叉舞动一番，那时他是五十多岁，母亲笑得直不起腰来，后来也不大干涉我游戏了。岸然道貌的父亲，实际上是很温和的。我以为这是为父之道。

可是父亲的脾气不好是真的。有一回，我吃饭的时候打了个碗，母亲说要告诉父亲打我，父亲从来没有打过我，所以害怕得躲避起来，傍晚父亲回来看见院里丢着识字画片喊我去拾，我以为一定由于母亲的报告，案子犯了，躲着不肯出来，父亲立刻大怒，取了支窗棍子赶着要打我，幸亏有人抱着我跑了出来，后来打是没有打得，可是父亲很讲了半天爱护书纸的道理，对我印象极深，至今我对书籍都保护备至，这个习惯不是由挨打而是从讲解说服来的，这里应当记取的是，父亲能够节制他的性格，晚年他的脾气有时还发急，但暴烈是一点没有了。

（二）

父亲的少年时代，父亲很少谈起，自我有记忆的时候起，他已经是老者的样子。战前在太原，母亲整理家存的照片，找出父亲一张在东京参加同盟会时的半身照片，蓄着蓬松的长发，穿西装而没有打着领带，母亲曾给我讲过父亲初从日本回来，村里的人视同洪水猛兽，不得已编了一条假辫子，方才有人来往。那个照片代表父亲的一个阶段。我认为有告诉家里孩子们的必要，特地把他洗晒放大，挂在书斋里。可惜，离开太原时没有带出，恐怕同父亲的住宅同时化为灰烬了。

父亲后来虽然再没有穿过西装，可是父亲的头脑是西装起来了。初期他

的头脑大约出不了张之洞的"中学为体，西学为用"的范围，正如那时代一般人相同。后来发展的方向却不只是局限于洋枪洋炮和所谓实业，他更注意到社会科学。他在所著的《孟子学术足以救世界》里，充分表现出他对社会主义的热忱，虽然他的观点披着十足的中国的大衣。

他有时把科学和帝国主义御用的科学混同起来，而惋惜政治、哲学、宗教都对"科学"竖了降旗，然而他对自然科学的兴趣，并不因感情作用而减低。他常常问我近代物理、化学进步的情形，我很惭愧往往答不上来，弟弟是学化学工程的，父亲常常以一个学生的态度和弟弟讨论着门捷列夫的周期表。

对于民主，他更是热心的说教者。他常常说，此次日本侵略中国的战争，要不是中国是个民国的话，皇帝或者领袖屈服了就等于亡国，天下兴亡匹夫有责的话就成了空的，唯其是民国，则人民就会起来保卫自己的国家，他的结论是，一个专制国家是很容易灭亡的，而一个民主国家是不会灭亡的。

父亲临终的前一年，最喜欢给人讲在朝四大圣人、在野四大圣人。在朝四大圣人是指舜、华盛顿、列宁和孙中山先生。对于华盛顿，我原认为推崇过高，华盛顿的不做皇帝，我以为是历史阶段发展的必然，华盛顿个人的作用，似乎不应该估计过高。但父亲却严肃地说："你没看见袁世凯的例子吗？推翻专制以后，他还是想做皇帝，还能不估计个人的作用吗？"是的，我当时的想法太机械了。直到今天，对于民主的潮流还不无熟视无睹者吧。

（三）

知子莫若父，父亲在病中还一再批评我"智及之，勇不能赴之"，原因是"戒慎恐惧之心不够，而求全之念太切"。我记得在九月七日（1943年）父亲胃痛发作，但还针对我的勇气不够给我解释，恶不仁才叫做狠，周公杀管蔡，唐太宗杀建成、元吉，在一家、一国的安危的情形下，不得不也。

我实在是求全之念太切，而求全之毁又是常事。我很苦恼，父亲指示我"不可

存心求全,但某些场合是应该求全的,如发表自己的意见,修正别人的意见,均须时机适宜"。又说:"已谋已定,亦须与群众合谋,俟结论相近时提出之。"

父亲常批评我执拗偏激而不是坚强,勉我经常保持"温良恭俭让"的气派,但说法是婉转的,引证了大约是方望溪的话,原话记不得了,大意是说一个人二十岁左右不狂放偏激是没出息的,但到了三十岁还是幼稚的狂偏,则是更没出息。

父亲引证古人的话,从来不做教条看,有一次偶然提到"匿怨而友其人",他很快解释,说这是指做人说的,谋国是不能这样拘滞的。

九月间父病已深,行动不大自由,但还有时勉强出外讲话,但突然改变素常的习惯不用仆人搀扶他,必要我扶着,他说这是叫大家看看怎样做儿子,我当时惭愧到汗流浃背,我不能自动扶老人,是多么缺乏人性,然而父亲不让我遗憾终身,适时地指示我,这就是父亲教育的特点,不预先打击,不事后清算。

(四)

父亲平时很少和我谈他的职务和我的职务上的话,也很少谈批评别人的话,病中却有了例外。

一次谈到我所做着的教育训练工作,父亲说,教育工作亦不外"先之劳之无倦",待学生如子弟,教职员各尽各之职,误职者去之,尽职者奖之。又说一种主张政策之实现,全赖人才,有人才才能顺利实行,还是人才最重要,要努力培植。如人才不够,行之不善,则困难是很多的。

病中的父亲常常发表他对国内人物的批评,无论主张和立场怎样不同的人,他总强调每个人的优点,扬善而不多所指摘,这或许是人之将终其言也善,但站在国家民族的观点上,取他人之长的态度,正是一个从事政治的人应有的风度吧。

（五）

临终的一个月内，除开痛苦呻吟不能发言以外，还是不断地讲道理。

11月28日，父亲改服中药，名叫败瘀止痛汤，据说可止肋间痛的。父亲对中药的道理也学习过，审视过处方以后，他说：这服药也许有效，所配的药具有独特进攻性，不是士卒保卫主帅，而是冲克敌人，治病应该是这样。跟着告诉我历史上的战略家，都是如此，举了许多战史给我听。

12月3日，父亲痛苦更甚，告我说，身受痛苦，正所以赎罪，并说从事政治客观上罪过甚多，虽然此胜于彼，春秋还是无义战的。父亲是位释迦牟尼主义者，忏悔的心情自然是有的，但父亲之信仰释迦牟尼主义，却和那般"忽然下了野，南无阿弥陀"的人们不同，他在壮年时期，就援佛入儒了。但这个信仰最后并没有帮助他。临终的前几天，在谵妄的状态中，他本想看到这些奇迹，但奇虽有，可是他怀疑那是疾病及用药的关系，当他问明王仁石医师，知道一切都不是幻想奇迹的降临，而是药的副作用引起病中精神状态的现象时，12月14日他低低叹息着"宗教不彻底"。

12月5日，那天稍微好些。父亲说有两种政治，一种是教育国民侵略人杀人，一种是教育国民自卫，能不杀人就不杀人。

12月9日，父亲食难下咽，因讲宇宙生物无不有口，无不吸收营养，故无不受取，无不积存，都怕生存受威胁，所以必须在生活上谋求平均的道理，以维群生。

12月15日，父亲胃痛甚，只说过一句话"时间之变迁，即空间之变迁"，我不懂其意义。

最后这些话，都是在极端痛苦中挣扎说出来的，其入人之深是可想而知的。

附录七　永远磨灭不了的印象

——中共地下党人杜任之先生对赵戴文先生的回忆祭奠

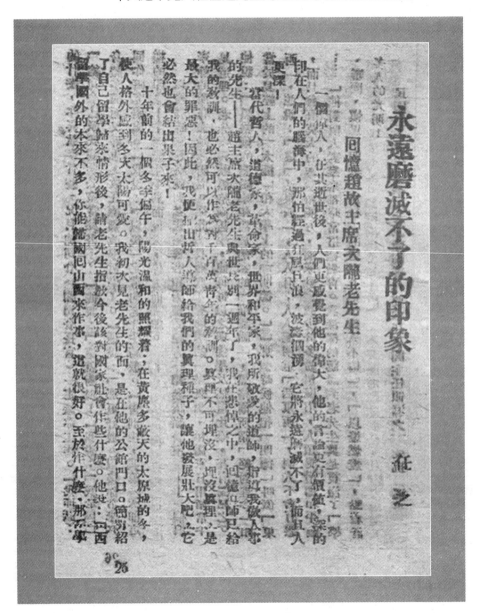

你什麼，你喜歡作什麼，況且總司令（閻司令長官）一定派你工作。」我插話說：

「總司令已派我到蘇公室當秘書⋯⋯」他說：「這就對啦！」我說：「我是因自己

身體多病而又好逞，故在德國改學哲學了。」他說：「那更好啦。以後你常來，我

同你研究研究。」我說：「以後一定常向老先生請教。」告別時，我第一次即有這

樣的印象——老先生平易而偉大，偉大而慈祥。

以後我時常趁空就到老先生會客和讀書的地方（總參議辦公室）——一個澹泊

寧靜的所在去請教研究。從此，我獲取「對佛學的一點概念」，和儒家日用倫常的平

易道理。老先生喜歡黑格爾哲學，他每每以之與佛學及儒道比擬，其有獨見之處。

他說：「黑格爾的邏輯學相當於佛家的「唯識論」，黑格爾所謂「絕對理念！」，相

當於易經上的「太極」和大學上的「明德。」」那個時候他把「明德」叫做「活東

西」，並說：「這「活東西」，人人有，人人能明這「活東西」，個人不會有難題

，而且會有莫大的智慧和能力，國家社會減少許多紛糾麻煩，人類能增加和平幸福

「他對個人對羣眾都時常這樣教育。我深深的認識到老先生真是貫澈了「博學

、審問、慎思、明辨、篤行」的道理。他「誨人不倦」，「以燈燃燈」，點着了許

多人的光明！」

民國二十五年夏季，太原覺圓青年要求在 閻主任領導之下受抗日軍事訓練，

26

235

我也参加。我请老先生评论此事如何。他说：「中国衰落的原因之一，就是士大夫不懂军事，文武分离。这回你们受军事训练，不只是你们求健全，且能造成风气，不怕中国没办法。」我从此便更加奋斗的去受抗日的军事训练。这个训练对今「山西抗战」，是起了不少作用的。

常到他那里研究学问，谈及「西安事变」，他说：「这一回西安这事情，能不能和平解决，关乎中国存亡。如果他们危害了蒋委员长，那就是灭亡！中国人民渴望和平，尤其当大敌当前，国内一定会和平团结繁荣……」老先生这个伟大期与和预言，终于在全民族奋来一心的要求和努力下，三天之后实现了！那时候（深深的钦佩他政治远见的透观力和伟大的民族爱。

某「七七」继续惊醒了全中国每一个角落。老先生对个人，对干部，对群众夫声疾呼的号召拿出自己的「活东西」，来实践。阎司令长官「牺牲救国」的伟大主张。折口战事紧张时，听说老先生原单偕同太原城共存亡。到太原，见了他问战局如何，我们应如何？他说：「这一回和日本的战事，一了不了。总司令已主张民族革命战争，动员全民、全面、长期抗战，我们大家一心，务下网罗其志」，每个人要抱着「志士不忘在沟壑，勇士不忘丧其元」的决心，新下

27

先生上這話在今天看來，依然是自分之百的正確啊！

敵人進攻晉前，我們展開游擊戰，老先生以年高行動不便，被勸暫往三原照料山西後方事宜。二八年春返到二戰區政治中心秋林來。全體幹部熱烈的到野外去歡迎他。他拱手說：「不敢當，你們在前方偏苦了！」次晨我見他，他說：「這一回大家能艱苦的堅持抗戰，就是因為現在是中華民國，人人有份，人人有責，不是為某一姓某一家爭天下，而是為全民族求自由。要是君主專制時代，南京太原下來，早就亡了國，改朝換帝了，那裏還有現在這多人抗戰！」偉大的民國，民主才能抗戰！這是真理！在今天看來，豈不更有價值而更覺寶貴嗎？

我在秋林第二次見老先生，請他給我自己在做人做事上一個書面指示，以便自己時常警惕自己。他給我題了幾句箴言：「彊其志，弘其量。不枝不求，何用不臧」我看了立刻感覺這恰恰好是對我說的。從此我懷著自己較以前堅彊精實。在這裏幾乎每遇到不如意而灰心喪氣的時候，一讀此語，便又恢復自己的理智和力量。我們帶著這個箴言，深入過敵區，我曾帶著這個箴言，上過抗戰最前線在敵人包圍中和炮火下，我能鎮定而不驚慌。我想一個狂熱的信徒，懷著他的聖經，渡大海，穿險途，不也就是這樣嗎？這富貴不淫，貧賤不移，威武不屈。此之謂大丈夫！

劉巍書志獻是司令長官所昭示的「革命人格氣節器度」。對青年的啓示誰是真理。

28

237

如果不是真理，能有這樣巨大的作用嗎？真理就是光明，真理能給人以力量！不，它威勢力底壓迫發生，壓迫有壓迫，它要真理自由和真理放出萬丈光芒——光明

一、太平洋戰爭爆發了，日本首者勝利。山大學生還在高喊：「好戰者，必亡！世界暖作既普遍了，世界人同界人類永久和平也接陈近了。」挖掉他們對山東大學救夜使的偉大主張——世界和平計劃，遂活在今天想來，異怪其有遠圖！因為它能愛理，真理必為食理呂非們合理者，必然實現！」

有一天但氏單政治研究院第一期研究員畢業之後，我向老先生請教我是否可以難去研究院的職務。他問我辭的意思是什麼，我回答：「我恐怕把院辦不好，完成不了司令長官所交付的任務，就求辭間的事物。」他說：「按社會上普通習慣，你辭完一期，表示辭職，倒也可美。要使真真正作事說，還是要努力去辦。你的「仁」字底子很夠，仁樂包有勇，但此是硬形式的勇，紙過燒煉或鋼，才是真勇。

「當時我說：『自己仁既不夠，勇更沒有』他接着又說：『你想把事情辦好，遂且也想叫人好，你不願人壞，這就是仁。你但如辦不好，還要努力好妨某辦下石怕辦不好！」我對「勇是『簡直實揚，欽佩後幽』的態度吧！後來大師提醒！

我被派往到孝義工作時，臨行請教老先生，他說：『是你一個立字，就是愛

29

「立己立人」。」可惜自己修養不够，辜負了老先生的期望。這是一個莫大的遺憾！

⋯⋯偉大的導師、哲人，他的「言」一動，都是真理，也是教育。十年來從老先生受到的教誨太多了，老先生的偉大處，也寫不盡，這裏寫出片斷的回憶，是給我印象較深的。它將永遠磨不了！老先生誨人不倦的精神，澹泊寧靜的生活，偉大而謙虛的態度，對中國民走抗戰的信心，世界大同人類和平的建設，他對朝鮮的發揮，習南年的當仁勇的培養，以及「嘖志，弘毅」「立己立人」的啓示，永遠存留於人間而發生其作用，因爲是真理之故！

誠恨的是：老先生未能親睹中國抗戰勝利，世界和平到來，而覺長眠在呂梁山底確，一個偉人，在其逝世後，人們更感覺到他的偉大，他的言語，更有價值⋯⋯

抗戰最高峯之上！但他救中國及救世界的呼聲，依然如黃河怒吼，永遠浩浩瀚瀚！

深深的印在人們腦海中，那怕經過狂風巨浪濤洶洶，它將永遠磨滅不了，而且⋯⋯深入深入！

86

参考文献

1.《山西省志》

2.《山西人物志资料》

3.《山西教育志》

4.《山西文史资料》（第 1~150 期）

5.《太原史话》

6.《隰县文史资料》

7.《吉县文史资料》

8.《辛亥革命实录》

9.《中华上下五千年》

10.《瀛环志略》

11.《赵次陇讲学录》

12.《阎锡山大传》

13.《我的回忆录》（杜任之遗稿）

14.《辛亥革命起义日记》

15.《辛亥革命起义始末》

16.《赵戴文评传》

17.《我们的校长赵宗复》

18.赵晓颖女士提供的从美国、台湾等地收集来的有关赵戴文先生的事迹资料及民国时期山西省政府遗录和国民党有关赵戴文先生的高级纪要。